MANUEL PUMAREGA

EL INGLÉS EN VEINTE LECCIONES

SEGÚN LOS MÉTODOS DE UN
GRUPO DE PROFESORES AMERICANOS

SÉLECTOR
ACTUALIDAD EDITORIAL

El inglés en veinte lecciones
D.R. © Manuel Pumarega

SÉLECTOR
ACTUALIDAD EDITORIAL

D.R. © Selector S.A. de C.V. 2016
Doctor Erazo 120, Col. Doctores,
C.P. 06720, México D.F.

ISBN: 978-607-453-374-3
Tercera reimpresión: abril 2018

Impreso en México
Printed in Mexico

ÍNDICE

REGLAS DE PRONUNCIACIÓN

Vocales

Se pronuncia como A: Cuando va seguida de *r, lf, lm, lv, th.* Ej. **farm** (farm), *granja;* **carpet** (cárpet), *alfombra;* **father** (fádœr), *padre.*

Se pronuncia como Æ En los monosílabos, cuando no va seguida de las consonantes mencionadas. Ej. **man** (mæn), *hombre;* **hat** (jæt), *sombrero;* **hand** (jænd), *mano.*

Se pronuncia como E*i*: Antes de consonante seguida de *e* muda y antes de la sílaba *ble.* Ej. **lame** (léim), *cojo;* **pale** (péil), *pálido;* **state** (stéit), *estado;* **table** (téibœl), *mesa.*

Se pronuncia como O: Delante de *ll, ls, lt.* Ej. **all** (ol), *todo;* **salt** (solt), *sal;* **false** (fols), *falso.*

Se pronuncia como EA: Antes de *r* seguida de *e* muda. Ej. **care** (kéar), *cuidado;* **dare** (déar), *atreverse;* **fare** (féar), *tarifa.*

E

Se pronuncia como E: Cuando va seguida de una o más consonantes en la misma sílaba. Ej. **bench** (bench), *banco;* **bed** (bed), *cama; best* (best), *mejor.*

Se pronuncia como I: Al final de los monosílabos. Ej. **we** (uí), *nosotros;* **be** (bi), *ser;* **he** (ji), *él.*

Se pronuncia como IA: Antes de *r* seguida de *e* muda. Ej. **here** (jíar), *aquí;* **mere** (míar), *simple.*

Se pronuncia como Œ: Antes de *r* al final de la palabra. Ej. **father** (fádær), *padre.*

Es muda: Al final de palabra, salvo en los monosílabos. Ej. **Face** (féis), *cara;* **grave** (greiv), *grave.* En este caso, la vocal de la sílaba precedente suele tener la pronunciación que se le da en el alfabeto.

Se pronuncia como I:	En la mayoría de los polisílabos y en muchos monosílabos terminados en una o más consonantes que no sean *gh* o *ght*. Ej. **milk** (milk), *leche;* **principal** (prínsipal), *principal;* **city** (síti), *ciudad.*
Se pronuncia como AI:	Cuando precede a una consonante seguida de *e* muda. Ej. **life** (láif), *vida;* **nine** (náin), *nueve.* Cuando precede a *gh* o *ght.* Ej. **high** (jái), *alto;* **night** (náit), *noche.* En la terminación *ind.* Ej. **kind** (káind), *bondadoso;* **mind** (máind), *mente.*
Se pronuncia como Œ:	Cuando va seguida *de r.* Ej. **bird** (bœrd), *pájaro;* **sir** (sær), *señor.*
Se pronuncia como AIA:	Cuando va seguida de *r* y *e* muda. Ej. **fire** (fáiar), *fuego;* **wire** (uáiar), *alambre.*
Es muda en:	**Friend** (frend), *amigo;* **foreign** (fóren), *extranjero.*

Se pronuncia como O: Al principio de palabra no seguida de *ld,* o antes de *r* no seguida de *e* muda. Ej. **original** (oríyinal), *original;* **pork** (pork), *cerdo;* **for** (for), *para.*

Se pronuncia como OU: Cuando va seguida de *ld* o precede a consonante seguida de *e* muda. Ej. **old** (óuld), *viejo;* **cold** (cóuld), *frío;* **nose** (nóus), *nariz.*

Se pronuncia como U: En algunos monosílabos, como **do** (du), *hacer;* **to** (tu), *a.* Cuando se halla duplicada. Ej. **book** (buk), *libro;* **good** (gud), *bueno.*

Se pronuncia como OA: Cuando va seguida de *r* y *e* muda. Ej. **before** (bifóar), *delante;* **more** (móær), *más.*

U

Se pronuncia como U: En algunos monosílabos que terminan en *l, s, t.* Ej. **bull** (bul), *toro;* **put** (put), *poner.*

Se pronuncia como IÚ: Al final de sílaba acentuada o delante de una consonante seguida de *e* muda. Ej. **music** (miúsic) *música;* **tube** (tiúb), *tubo;* **mule** (miúl), *mula.*

Se pronuncia como Œ: Cuando va seguida de una o más consonantes que forman sílaba con ella. Ej. **Sun** (soen), *sol;* **gun** (goen) *fusil;* **but** (bœt), *pero.*

Semivocales

Se pronuncia como U: Al principio de dicción seguida de vocal, y en medio y al final de sílaba. Ej. **water** (uótœr), *agua;* **award** (áuard) *recompensa;* **now** (náu), *ahora.*

Se pronuncia como JU: Cuando va seguida de *h.* Ej. **who** (ju), *quién;* **what** (juat), *qué;* **when** (juén), *cuándo.*

Es muda: Al principio de dicción, cuando va seguida de *r,* y en algunas voces. Ej. **write** (ráit), *escribir;* **wrong** (rong), *error;* **answer** (ánser), *respuesta;* **sword** (sord), *espada.*

Se pronuncia como Y: Al principio de dicción. Ej. **yes** (yes), *sí;* **yellow** (yelo), *amarillo;* **year** (yíar), *año.*

Se pronuncia como I: Al final de dicción, cuando no carga en ella el acento. Ej. **very** (véri), *muy;* **liberty** (líberti), *libertad;* **fancy** (fánsi), *decoración.*

Se pronuncia como AI: Al final de sílaba, cuando recae en ella el acento y en los monosílabos. Ej. **style** (stáil), *estilo;* **type** (táip), *tipo;* **by** (bái), *por.*

Diptongos

Los más importantes son los siguientes:

AI, se pronuncia EI: Ej. **train** (tréin), *tren;* **rain** (réin), *lluvia.*

AU, se pronuncia O: Ej. **fraud** (frod), *fraude;* **fault** (folt), *falta.*

AW, se pronuncia O: Ej. **law** (lo), *ley;* **lawyer** (lóyer), *abogado.*

EE, se pronuncia I: Ej. **need** (nid), *necesidad;* **feed** (fid), *alimentar.*

EW, se pronuncia IU:	Ej. **new** (niú), *nuevo;* **dew** (diú), *rocío.*
OO, se pronuncia U:	Ej. **food** (fud), *alimento;* soon (sun), pronto.
OU, se pronuncia ÁU:	Ej. **noun** (náun), *nombre;* **pound** (paund), *libra.*
OW, se pronuncia ÁU:	Ej. **town** (táun), *pueblo;* **cow** (cáu), *vaca.*

Consonantes

Las principales consonantes que ofrecen particularidades de pronunciación son las siguientes:

Se pronuncia como K:	Delante de a, *o,* u, r, *l, t.* Ej. **cause** (kos), *causa;* **cross** (cros), *cruz.*
Se pronuncia como S:	Delante de *e, i, y.* Ej. **city** (síti), *ciudad;* **cent** (sent), *centavo;* **fancy** (fánsi), *decoración.*

Se pronuncia como GUE: Delante de *a, o, u, l, r.* Ej. **game** (guéim), *juego;* **go** (góu), *ir;* **glove** (glóuv), *guante.*

Se pronuncia como YE: Delante de *e, i, y.* Ej. **gentleman** (yéntœlman), *caballero;* **gin** (yin), *ginebra.* Sin embargo, se pronuncia como *gue* en muchas palabras delante de *e, i.* Ej. **get** (guet), *obtener;* **begin** (biguín), *empezar.*

Se pronuncia como *j:* Al principio de dicción, salvo en algunos casos en que es muda. Ej. **horse** (jors), *caballo;* **hot** (jat), caliente; **house** (jáus), *casa.*

Se pronuncia como YE: Ej. **joy** (yoi), *alegría;* **jury** (yuri), *jurado.*

Es muda: Seguida de *n.* Ej. **knife** (náif), *cuchillo;* **knight** (náit), *caballero.*

16

Se pronuncia como KU: La *u* que sigue a la *q* se pronuncia en la mayoría de los casos, exceptuándose de las palabras de origen francés. Ej. **quality** (kuóliti), *calidad;* **queen** (kuín), *reina.*

Se pronuncia como SH: En las terminaciones *tion, tience.* Ej. **nation** (naeshoen), *nación:* **patience** (paeshoens), *paciencia.*

Se pronuncia como CH: En la terminación *ture* y cuando precede a *i* o *u* seguida de vocal. Ej. **furniture** (foernichcer), *mobiliario;* **picture** (píchœr), *cuadro;* **virtue** (vœrchu), *virtud.*

En todos los demás casos se pronuncia como la *t* española.

Consonantes compuestas

Se pronuncia como CH: En todas las palabras, excepto las de origen francés o griego. Ej. **church** (chœrch), *iglesia;* **chair** (chéar), *silla.*

Es muda: En la mayoría de las palabras. Ej. **night** (náit), *noche;* light (láit), *luz.*

En pronuncia como F: En algunos vocablos. Ej. **enough** (inœf), bastante; **laugh** (laf), risa, reír.

Se pronuncia como F: Ej. **philosophy** (filósofi) *filosofía;* **photograph** (fótograf), *fotografiar.*

Se pronuncia: Silbada como la *ch* francesa. Ej. **Shoes** (shúes), *zapatos.*

Se pronuncia como ZD: Este sonido se obtiene tocando con la lengua el borde de los dientes superiores, como para pronunciar la *z,* y pronunciando *d.* Suele pronunciarse así entre dos vocales y en numerosos vocablos al principio de palabra, sobre todo delante de *e, i.* Ej. **the** (zdi), *el;* **without** (uizdáut), *sin.*

Se pronuncia como Z: Al final de dicción, delante de *r* y en algunos vocablos al principio de palabra. Ej. **truth** (truz), *verdad;* **three** (zrí), *tres;* **thing** (zing), *cosa.*

Nota: Las anteriores reglas pueden servir muy bien de pauta general para la pronunciación, pero debe tenerse en cuenta que existen numerosas excepciones y particularidades que se harán notar en la pronunciación figurada que acompaña a cada palabra.

SIGNOS DE PUNTUACIÓN

En inglés no existen acentos ortográficos. Para distinguir dónde carga el acento tónico hemos acentuado la sílaba correspondiente en la pronunciación figurada de cada palabra.

Los signos de puntuación que se usan como en español, a excepción de la interrogación y la admiración, que sólo se emplean al final de la frase, son los siguientes:

period (píriod), punto.

comma (cóma), coma.

colon (cóulon), dos puntos.

semicolon (semicóulon), punto y coma.

suspensive points o *ellipsis* (soespénsiv points), puntos suspensivos.

interrogation point or *question mark* (interrouguéishon point), signo de interrogación.

exclamation point or *exclamation mark* (exclaméishon point), signo de admiración.

parenthesis or *round brackets* (parenzésis), paréntesis.

dieresis or *diacritic* (diéresis), diéresis.

hyphen or *hyphen-minus* (jáifen), guión.

quotation marks or *citation marks* (cuotéishon marks), comillas.

apostrophe (apóstroufi), apóstrofo.

dash (dash) or *en dash* (-), *em dash* (–), *sig dashes* (--),
   raya.

LECCIÓN I

Artículo

En inglés, el artículo determinado es *the* (zdi),* que corresponde a *el, la, los, las.* Sirve, por tanto, para el singular y el plural, para el masculino y el femenino. Ej. *the book* (buk), *el libro; the books* (buks), *los libros; the pen* (pen), *la pluma; the pens* (pens), *las plumas.*

El artículo indeterminado es *a* (ei) y *an* (an). Se emplea el primero delante de las palabras que empiezan por consonante o *h* aspirada (con sonido de j), y el segundo delante de palabras que empiezan por vocal o *h* muda. Ambos corresponden a *un, una.* Ej. *a pencil* (pénsil), *un lápiz; a house* (jáus), *una casa; an inkstand* (ínkstand), *un tintero; an heir* (er), *un heredero.*

Para el plural *unos, unas* se emplea la palabra *some (soem).* Ej. *some chairs* (chéars), *unas sillas.*

---

* Para la pronunciación del artículo *the,* véase lo que se ha dicho en las reglas de pronunciación acerca de la *th.*

VOCABULARIO

Español	Inglés	Pronunciación
el, la, los, las	the	zdi
un, una	a, an	ei, an
libro	book	buk
papel	paper	péipar
pluma	pen	pen
tinta	ink	ink
tintero	inkstand	ínkstand
lápiz	pencil	pénsil
cuaderno	copybook	cópibuk
mesa	table	téibœl
silla	chair	chéar
cama	bed	bed
reloj de bolsillo	watch	uóch
reloj de pared	clock	clok
almuerzo	breakfast	bréikfast
comida	dinner	díner
cena	supper	sóper
café	coffee	cófi
leche	milk	milk
café con leche	coffee and milk	cófi and milk
azúcar	sugar	shúgar
arroz	rice	ráis
carne	meat	mit
frijoles	beans	bins

Español	Inglés	Pronunciación
padre	father	fádœr
madre	mother	módœr
hermano	brother	bródœr
hermana	sister	síster
criado	servant	sérvant
tío	uncle	ónkœl
tía	aunt	ant
primo	cousin	coshœn
niño	child	cháild
niña	girl	guerl
yo soy	I am*	ái am
yo tengo	I have	ái jav
ellos son	they are	zdéi ar
ellos tienen	they have	zdéi jav
yo quiero	I wish	ái uísh
él quiere	he wishes	ji uíshes
ellos quieren	they wish	zdéi uísh
y	and	and
Juan	John	yon
Pedro	Peter	píter
María	Mary	méri
mi	my	mái

---

* El pronombre personal I (yo) se escribe siempre con mayúscula.

FRASEOLOGÍA*

Yo tengo el libro, el papel, la pluma y el tintero.
I have the book, the paper, the pen and the inkstand.
Ai jav zdi buk, zdi péipar, zdi pen and zdi ínkstand.

Quiero un lápiz, un cuaderno y una mesa.
I wish a pencil, a copybook and a table.
Ai uísh ei pénsil, ei cópibuk and ei téibœl.

El padre y la madre tienen una silla.
The father and the mother have a chair.
zDi fádœr and zdi módœr jav ei chéar.

El niño quiere el almuerzo.
The child wishes the breakfast.
zDi cháild uíshes zdi bréikfast.

La niña quiere la comida.
The girl wishes the dinner.
zDi guerl uíshes zdi díner.

Mi tía quiere la cena.
My aunt wishes the supper.
Mái ant uíshes zdi sóper.

---

* En las frases que acompañan a cada lección, la primera línea corresponde al español, la segunda al inglés, tal como se escribe, y la tercera a la pronunciación figurada. Téngase en cuenta que las letras que van en bastardilla se pronuncian levemente. Para el sonido œ, véase lo que se ha dicho en las reglas de pronunciación sobre vocales.

Mi primo quiere café con leche.
My cousin wishes coffee and milk.
Mái cóshœn uíshes cófi and milk.

Un padre, una madre, una tía, un niño
    y una niña quieren la comida.
A father, a mother, an aunt, a child and a girl wish the
    dinner.
Ei fádœr, ei módrer, an ant, ei cháild and ei guerl uísh zdi
    díner.

Juan tiene un hermano y una hermana.
John has a brother and a sister.
Yon jas ei bródœr and ei síster.

Pedro tiene una silla, una mesa y una cama.
Peter has a chair, a table and a bed.
Píter jas ei chear, ei téibœl and ei bed.

Juan y Pedro son hermanos.
John and Peter are brothers.
Yon and píter ar bródoers.

Juan es mi padre y María es mi madre.
John is my father and Mary is my mother.
Yon is mái fádœr and méri is mái módœr.

Mi hermano tiene mi libro y mi pluma.
My brother has my book and my pen.
Mái bródœr jas mái buk and mái pen.

Mi primo tiene un reloj.
My cousin has a watch.
Mái cóshœn jas ei uóch.

ADVERTENCIAS

1. El lector debe aprender los vocablos, escribirlos de memoria y pronunciarlos en alta voz, cuidando de que suenen las consonantes finales.
2. Si estudian dos personas con este texto, pueden preguntarse recíprocamente en esta forma:

What is the meaning of...?[*]
Juat is zdi mínin of...?
¿Qué significa...?

Por jemplo :

P.—What is the meaning of *book*?
R.—Libro.
P.—What is the meaning of *coffee and milk*?
R.—Café con leche.

También pueden usar la expresión:

How do you call in English...?[**]
Jáu du yu col in ínglish...?
¿Cómo se llama en inglés...?

Por ejemplo:

P.—How do you call in English *tintero*?
R.—lnkstand.
P.—How do you call in English *cuaderno*?
R.—Copybook.

---

[*] En inglés se usa el signo de interrogación , lo mismo que el de admiración, solamente al final de la frase.

[**] Los nombres de nacionalidades se escriben siempre con mayúscula.

ADICIÓN A LA LECCIÓN

Numeración

NÚMEROS CARDINALES

	Inglés	Pronunciación
1	one	uán
2	two	tu
3	three	zrí
4	four	fór
5	five	fáiv
6	six	six
7	seven	séven
8	eight	éit
9	nine	náin
10	ten	ten
11	eleven	iléven
12	twelve	tuélv
13	thirteen	zœrtin
14	fourteen	fortin
15	fifteen	fíftin
16	sixteen	síxtin
17	seventeen	séventin
18	eighteen	éitin
19	nineteen	náintin
20	twenty	tuénti
21	twenty-one	tuénti-uán
22	twenty-two	tuénti-tu
30	thirty	zœrti

Español	Inglés	Pronunciación
40	forty	fórti
50	fifty	fífty
60	sixty	síxti
70	seventy	séventi
80	eighty	éiti
90	ninety	náinti
100	a (one) hundred	ei (uán) jœndred
101	one hundred and one	uán jœndred and uán.
120	one hundred and twenty	uán jœndred and tuénti
200	two hundred	tu jœndred
1,000	a (one) thousand	ei (uán) záusand
10,000	ten thousand	ten záusand
1,000,000	a (one) million	ei (uán) millæn
2,000,000	two millions	tu millœns

Notas sobre los números cardinales

1. Del 13 al 19, los números cardinales se forman con la terminación *teen* añadida al número simple, salvo el 13, que cambia *three* por *thir* y hace *thirteen*, y el 15 que cambia *five* por *fif* y hace *fifteen*. Los nombres de las decenas, salvo el 10, se forman por medio de la terminación *ty*.
2. Antes de *hundred, thousand* y *million* se emplea *a* cuando sigue al número un substantivo, y *one* delante de números abstractos o de fechas. Ej. *a hundred books* (cien libros); *one thousand* (mil).
3. Los números mayores de 1,000 suelen contarse por cientos. Así, para decir 1,899, se dice: *eighteen hundred and ninety nine*.

4. Después de los cientos se usa la conjunción and con el número siguiente. Ej. 435, se dice: *four hundred and thirty-five*.

NÚMEROS ORDINALES

Español	Inglés	Pronunciación
1°	first	fœrst
2°	second	cécœnd
3°	third	zœrd
4°	fourth	forz
5°	fifth	fifa
6°	sixth	sixz
7°	seventh	sévenz
8°	eighth	éitz
9°	ninth	náinz
10°	tenth	tenz
11°	eleventh	ilévenz
12°	twelfth	tuélf
13°	thirteenth	zœrtinz
14°	fourteenth	fortinz
15°	fifteenth	fíftinz
16°	sixteenth	síxtinz
17°	seventeenth	séventinz
18°	eighteenth	éitinz
19°	nineteenth	náintinz
20°	twentieth	tuéntiez
21°	twenty-first	tuénti-fœrst
30°	thirtieth	zœrtiez

Nota: Los números ordinales se forman añadiendo *th* a los cardinales, con excepción de *first*, *second* y *third*. *Nine* pierde la *e* al añadir *th* (nine, ninth); *five* y *twelve* cambian la *ve* por *f* (five, fifth; twelve, twelfth). La *y* de las decenas se convierte en *ie* (twenty, twentieth).

Tratándose de ordinales compuestos, sólo el último toma la forma ordinal (twenty-first, thirty-seventh).

Los días del mes se expresan en inglés con números ordinales. *The second*, *the third*, etc.

Los números ordinales suelen escribirse abreviados añadiendo *st*, *nd* y *rd* al 1, 2, 3, y *th* a todos los demás. Ej. 1st, 2nd, 3rd, 4th, 5th, etc.

Los quebrados se expresan de la manera siguiente:

La mitad	the half	zdi jaf
El tercio	the third	zdi zœrd
El cuarto	the quarter	zdi cuórtœr
El quinto	the fifth	zdí fifz

Y así sucesivamente, empleando los números ordinales.

Los múltiplos se forman en inglés agregando al cardinal la palabra *fold*, y así se dice:

Cuádruplo	four-fold	fœrfould
Quíntuplo	five-fold	fáivfould
Décuplo	ten-fold	ténfould
Céntuplo	hundred-fold	jœndredfould

Para *doble* y *triple* se emplean las palabras *double* (dobl), *triple* (trípœl). También se emplea la palabra times (táims), veces, y así se dice: *three times*, tres veces; *a hundred times*, cien veces, etc. Para dos veces se emplea la palabra *twice* (tuáis), y para una vez *once* (uáns).

LECCION II

Nombre

VOCABULARIO

Español	Inglés	Pronunciación
cabeza	head	jed
pelo	hair	jéar
frente	forehead	fœrjéd
ojo	eye	ái
cejas	eyebrows	áibraus
párpados	eyelids	áilids
pestañas	eyelashes	áilashes
labios	lips	lips
cara	face	féis
naríz	nose	nóus
boca	mouth	máuz
lengua	tongue	tong
orejas	ears	íars
garganta	throat	zrot
diente	tooth	tuz
dientes	teeth	tiz
bigote	mustache	mœstásh
patillas	whiskers	juískers

Español	Inglés	Pronunciación
mandíbulas	jaws	yos
mejilla	cheek	chik
barbilla	chin	chin
cuello	neck	nek
pecho	chest	chest
hombros	shoulders	shóulders
espalda	back	bak
brazo	arm	arm
codo	elbow	élbo
mano	hand	jænd
dedos	fingers	fínguers
uñas	nails	néils
vientre	belly	béli
corazón	heart	jart
hígado	liver	líver
pulmones	lungs	lœngs
piernas	legs	legs
rodillas	knees	nis
pantorrillas	calves	cavs
pie	foot	fut
pies	feet	fit
dedos de los pies	toes	tous
humano	human	jiúman
cuerpo	body	bódi
piel	skin	skin
sangre	blood	blœd
hueso	bone	bóun
costillas	ribs	ribs

Español	Inglés	Pronunciación
saliva	saliva	saláiva
lágrima	tear	tíar
vista	sight	sáit
oído	hearing	jíaring
olfato	smell	smel
gusto	taste	téist
tacto	touch	tœch
dolor	ache	éik
dolor de cabeza	headache	jédek
salud	health	jelz
fiebre	fever	fíver
hombre	man	mæn
hombres	men	men
mujer	woman	úman
mujeres	women	uímen
sombrero	hat	jæt
zapato	shoe	shú
chaqueta	coat	cóut
pantalón	trousers	tráusers
pañuelo	handkerchief	jándkerchif
camisa	shirt	shœrt
medias	stockings	stókins
calcetines	socks	soks
corbata	necktie	néktai
bastón	cane, stick	kéin, stik
guantes	gloves	glœvs
abrigo	overcoat	overcóut
vestido	dress	dres

Español	Inglés	Pronunciación
falda	skirt	skœrt
mangas	sleeves	slivs
parte	part	part
de	of	of
él tiene	he has	ji jas
él es	he is	ji is
nosotros tenemos	we have	uí jav

FRASEOLOGÍA

Tengo cabeza, brazos, pies y corazón.
I have head, arms, feet and heart.
Ai jav jed, arms, fit and jart.

El niño tiene dedos, dedos de los pies, uñas,
    ojos, cara y garganta.
The child has fingers, toes, nails, eyes, face and throat.
zDi cháild jas fíngers, tóus, néils, áis, féis and zrot

El hombre tiene cejas, párpados y pestañas.
The man has eyebrows, eyelids and eyelashes.
zDi mæn jas áibraus, áilids and áilashes.

Nosotros tenemos hombros, brazos, codos y manos.
We have shoulders, arms, elbows and hands.
Uí jav shóulders, arms, élbos and jænds.

El hombre tiene una chaqueta, un sombrero y una corbata.
The man has a coat, a hat and a necktie.
zDi mæn jas ei cóut, ei jæt and ei néktai.

36

La mujer tiene un vestido, zapatos y un pañuelo.
The woman has a dress, shoes and a handkerchief.
zDi úman jas ei dres, shus and ei jándkerchif.

Nosotros tenemos vista, oído, olfato, gusto y tacto.
We have sight hearing, smell, taste and touch.
Uí jav sáit, jíaring, smel, téist and tœch.

El niño tiene fiebre y dolor de cabeza.
The child has fever and headache.
zDi cháild jas fíver and jédek.

Nosotros tenemos sombreros, zapatos, camisas y
   pantalones.
We have hats, shoes, shirts and trousers.
Uí jav jæts, shus, shærts and tráusers.

Yo quiero una camisa y un pañuelo.
I wish a shirt and a handkerchief.
Ai uís ei shœrt and ei jándkerchif .

La cabeza, los brazos y las piernas son partes del cuerpo
   humano.
The head, the arms and the legs are parts of human body.
zDi jed, zdi arms and zdi legs ar parts of jíuman bódi.

REGLAS PARA LA FORMACIÓN
DEL PLURAL DE LOS SUSTANTIVOS

1. La mayoría de los nombres forman el plural añadiendo
   una *s* al singular. Ej. pen (pluma), *pens* (plumas); book
   (libro), *books* (libros).

2. Los terminados en *ch*, *sh*, *s* y *x* añaden *es*. Ej. *church* (iglesia), *churches* (iglesias); *brush* (cepillo), *brushes* (cepillos); *glass* (vaso), *glasses* (vasos); *box* (caja), *boxes* (cajas).

3. Los terminados en *y* precedida de consonante cambian esta letra por *i* y añaden *es*. Ej. *lady* (señora), *ladies* (señoras); *baby* (bebé), *babies* (bebés).

4. Los terminados en *fe* y algunos que terminan en *f* cambian dichas terminaciones por *ves*. Ej. *knife* (cuchillo); *knives* (cuchillos); *leaf* (hoja), *leaves* (hojas).

5. Algunos nombres forman el plural de un modo completamente irregular, como los siguientes:

> *man* (hombre), *men* (hombres)
>
> *foot* (pie), *feet* (pies)
>
> *child* (niño), *children* (niños)
>
> *ox* (buey), *oxen* (bueyes)
>
> *louse* (piojo), *lice* (piojos)
>
> *woman*, (mujer), *women* (mujeres)
>
> *tooth* (diente), *teeth* (dientes)
>
> *father* (padre), *parents* (padres)
>
> *goose* (ganso), *geese* (gansos)
>
> *mouse* (ratón), *mice* (ratones).

ADVERTENCIAS

1. Combínense las palabras mencionadas en el vocabulario, escribiéndolas repetidas veces.

2. Con las expresiones *I have, I wish, he has, he wishes* fórmense frases, cuidando de combinar muchos substantivos.

3. Cuando se hayan escrito veinte o treinta palabras, léanse en alta voz procurando marcar bien la última letra.

ADICIÓN A LA LECCIÓN II

Elementos de la conversación

Español	Inglés	Pronunciación
buenos días, señor	good morning, sir	gud mórning, sœr
buenas tardes, señora	good afternoon, madam	gud áftœrnun, madam
buenas noches	good evening*	gud ívning
buenas noches	good night	gud náit
¿cómo está usted?	how are you? how do you do?	jáu ar yu? jáu du yu du?
muy bien, gracias	very well, thank you	véri uél, zank yu
¿y usted?	and you?	and yu?
estoy bien, gracias	I am well, thank you	ái am uél, zank yu
adiós	good bye	gud bái
hasta la vista	I will see you later	ái uíl si yu léiter

Good evening se emplea después de las cinco de la tarde. *Good ninght* sólo se usa al retirarse por la noche.

Español	Inglés	Pronunciación
dispense usted	pardon me excuse me	párdon mi exkiús mi
a su disposición	at your service	at yuár sérvis
sírvase sentarse	sit down, please	sit dáun, plis
escúcheme	listen to me	lisen tu mi
abra la puerta	open the door	óupen zdi doar
cierre la puerta	shut the door	shœt zdi doar
entre	come in	com in
¿cómo está su hermana?	how is your sister?	jáu is yúar sístœr?
ella está enferma	she is ill	shi is il
¿cómo está su padre?	how is your father?	jáu is yúar fádœr?
está perfectamente	he is quite well	ji is kuáit uél
¿qué significa?	what is the meaning of?	juát is zdi míning of?
¿cómo se dice?	how do you call?	jáu du yu col?
¿me comprende usted?	do you undersand me?	du yu œnderstand mi?
le comprendo	I understand you	ái œnderstand yu
no le comprendo	I do not under stand you	ái du not œnderstand yu
¿habla usted inglés?	do you speak English?	du yu spik ínglish?
hablo inglés	I speak English	ái spik ínglish
no hablo inglés	I do not speak English	ái du not spik ínglish
hablo un poco	I speak a little	ái spik ei lítœl

Español	Inglés	Pronunciación
hable despacio	speak slowly	spik slóuli
dígalo otra vez	tell it again	tel it eguéin
¿cómo se llama usted?	what is your name?	juát is yúar néim?
me llamo	my name is	mái néim is
¿qué quiere usted?	what do you want?	juát du yu uónt?
¿dónde vive usted?	where do you live?	juéar du yu liv?
¿de dónde viene usted?	where do you come from?	juéar du yu com from?
le estoy esperando	I am waiting for you	ai am uéiting for yu
quiero comprar	I want to buy	ái uónt tu bai
quiero vender	I want to sell	ái uónt tu sel
voy a casa	I go home	ái gou jóum
¿dónde está un establecimiento llamado...	where is one store called?	juéar is uán stor cólt?
¿en qué calle puedo encontrarlo?	in what street can I find it?	in juát strít can ái fáind it?
¿cuántos años tiene usted?	how old are you?	jáu óuld ar yu?
tengo veinte años	I am twenty years old	ái am tuénti yíars óuld

LECCIÓN III

Adjetivo

VOCABULARIO

Español	Inglés	Pronunciación
bueno	good	gud
malo	bad	bæd
bonito	pretty	príti
feo	ugly	ogli
grande	large big great	larsh big gréit
pequeño	small	smol
alto	high tall	jái tol
bajo	low	lóu
ancho	wide	úaid
estrecho	narrow	nárou
largo	long	long
corto	short	short
grueso	thick	zek
fino	thin	zin
gordo	fat	fat

Español	Inglés	Pronunciación
flaco	lean	lin
fuerte	strong	estrong
débil	weak	uík
caro	dear	díar
barato	cheap	chip
blando	soft	soft
duro	hard	jard
dulce	sweet	suít
amargo	bitter	bíter
agrio	sour	sáuær
crudo	raw	ro
limpio	clean neat	clin nit
sucio	dirty	dérti
fácil	easy	ísi
difícil	difficult	díficolt
pobre	poor	púar
rico	rich	rich
honrado	honest	ónest
áspero	rough	rof
tierno	tender	ténder
joven	young	yoeng
viejo	old	óuld
caliente	hot	jot
frío	cold	cóuld
feliz	happy	jápi
infeliz	unhappy	œnjápi
cuidadoso	careful	kéarful

Español	Inglés	Pronunciación
descuidado	careless	kéarles
fiel	faithful	fézful
infiel	faithless	fézles
sensato	wise	uáis
tonto	foolish	fúlish
burro	dunce	dœns
mentiroso	liar	láiar
valiente	courageous	kœrayresh
cobarde	coward	cáuard
ilustrado	learned	lérned
sano	sane, healthy	séin, jélzi
enfermo	sick	sik
puro	pure	píur
blanco	white	juáit
negro	black	blaek
rojo	red	red
amarillo	yellow	yélo
verde	green	grin
azul	blue	blú
rosa	rose	róuse
violeta	violet	váiolet
gris	grey	gréi
café	brown	bráun
rubio	fair	féar
maduro	ripe	ráip

FRASEOLOGÍA

Mi padre tiene un libro grande.
My father has a large book.
Mái fadœr jas ei larsh buk.

Mi madre tiene buena tinta y una pluma bonita.
My mother has good ink and a pretty pen.
Mái módœr jas gud ink and ei príti pen.

Mi cuaderno es blanco y azul.
My copy-book is white and blue.
Mái cópi-buk is juáit and blú.

Mi lápiz es malo, mi silla es fuerte y mi sombrero es negro.
My pencil is bad, my chair is strong and my hat is black.
Mái pénsil is bæd, mái chéar is strong and mái jæt is blæk.

Yo tengo tinta azul, papel blanco y un lápiz bonito.
I have blue ink, white paper and a pretty pencil.
Ai jav blú ink, juáit péipær and ei príti pénsil.

El azúcar es barato, el arroz es caro y la carne es blanda.
The sugar is cheap, the rice is dear and the meat is soft.
zDi shúgar is chip, zdi ráis is díaer and zdi mit is soft.

El hombre es alto y el niño bajo.
The man is tall and the boy is short.
zDi mæn is tol and zdi bói is short.

La casa es alta y la silla es baja.
The house is high and the chair is low.
zDi jáus is jái and zdi chéar is lóu.

Juan tiene orejas pequeñas, cabello negro y dientes blancos.
John has small ears, black hair and white teeth.
Yon jas smol íars, blæk jéar and juáit tiz.

Yo tengo dedos largos y uñas estrechas.
I have long fingers and narrow nails.
Ai jav long fínguers and náro néils.

Quiero leche pura, café y buen azúcar.
I wish pure milk, black coffee and good sugar.
Ai uísh píur milk, blæk cófi and gud shúgar.

El niño es sucio y necio.
The child is dirty and foolish.
zDi cháild is dœrti and fúlish.

El hombre es fuerte y la mujer es débil.
The man is strong and the woman is weak.
zDi mæn is strong and zdi úman is uík.

Mi padre es viejo y yo soy joven.
My father is old and I am young.
Mái fádœr is óuld and ái am yœng.

REGLAS SOBRE LOS ADJETIVOS

1. En inglés, el adjetivo calificativo es invariable, es decir, que el mismo vocablo sirve para el masculino y el femenino, el singular y el plural. Ej. *pretty book* (libro bonito), *pretty books* (libros bonitos); *pretty pen* (pluma bonita), *pretty pens* (plumas bonitas).

2. El adjetivo se coloca siempre delante del substantivo.
   Ej. *hot milk* (leche caliente).

Nota: Para el adjetivo grande se emplea *large*, en sentido material; *great*, en sentido abstracto o figurado, y *big*, en sentido de volumen. Ej. *a large man* (un hombre grande, corpulento); *a great man* (un gran hombre); *a big house* (una casa grande).

Para alto se emplea *tall*, tratándose de personas, y *high* tratándose de cosas. Ej. *a tall man* (un hombre alto); *a high house* (una casa alta).

Para *bajo* se emplea *short*, tratándose de personas, y *low* tratándose de cosas. Ej. *a short man* (un hombre bajo); *a low table* (una mesa baja).

FORMACIÓN DEL COMPARATIVO Y DEL SUPERLATIVO

En inglés se forman de dos maneras:

1. Añadiendo al adjetivo las terminaciones *er* y *est*. Ej. *long* (largo), *longer* (más largo), *the longest* (el más largo).
   Esta forma suele emplearse en las adjetivos monosílabos y en los bisílabos terminados en vocal.
2. Anteponiendo al adjetivo los vocablos *more* (más), *the most* (el más) . Ej. *more beautiful* (más hermoso), *the most beautiful* (el más hermoso). Esta forma se emplea en los adjetivos polisílabos.

Para establecer la comparación, la frase se construye de la manera siguiente:

The pencil is longer than the pen (el lápiz es más largo que la pluma).

The pencil is a long as the pen (el lápiz es tan largo como la pluma).

Is the pencil as long as the pen? (¿Es tan largo el lápiz como la pluma?)

The pencil is not so long as the pen (el lápiz no es tan largo como la pluma).

Como puede verse en la comparación de igualdad, *tan* y *como* se traducen por *as* y *as* en la frase afirmativa e interrogativa, y por *so* y *as* en la frase negativa.

ADICIÓN A LA LECCIÓN III

Elementos de la conversación

LA HORA Y EL TIEMPO

Español	Inglés	Pronunciación
¿Qué hora es?	What time is it?	Juát táim is it?
Es la una	It is one o'clock	It is uán oclok
Son las dos	It is two o'clock	It is tu oclok
Son las dos y diez minutos	It is ten minutes past two	It is ten mínœts past tu
Son las cinco y cuarto	It is a quarter past five	It is ei cuórtœr past fáiv
Son las seis y media	It is half past six	It is jaf past six
Son las tres menos diez	It is ten minutes to three	It is ten mínœts tu zrí
Son las ocho menos cuarto	It is a quarter to eight	It is ei cuórtœr tu éit
Son las cuatro en punto	It is four o'clock sharp	It is fœr oclok sharp

Español	Inglés	Pronunciación
Aún no son las cinco	It is not yet five	It is not yet fáiv
Son cerca de las nueve	It is near nine o'clock	It is níar náin oclok
Van a dar las doce	It is going to strike twelve	It is góing tu stráik tuélv
Están dando las cinco	The clock is striking five	zDi clok is stráiking fáiv
Es tarde	It is late	It is léit
No es tarde	It is not late	It is not léit
Es más tarde de lo que me imaginaba	It is later than I fancied	It is léitœr zdan ái fánsit
Mi reloj atrasa	My watch is slow	Mái uótch is slóu
Mi reloj adelanta	My watch is fast	Mái uótch is fast
Atrasa diez minutos	It is ten minutes slow	It is ten mínœts slóu
Adelanta cinco minutos	It is five minutes fast	It is fáiv mínœts fast
¿Qué tiempo hace?	How is the weather?	Jáu is zdi uédœr?
Hace buen tiempo	It is fine weather	It is fáin uédœr
Hace calor	It is warm	It is uórm
Hace frío	It is cold	It is cóuld
Llueve	It rains	It réins
Está lloviendo	It is raining	It is réining
Está nublado	It is cloudy	It is cláudi
Está aclarando	It is clearing up	It is clíaring œp
Hace viento	It is windy	It is úindi
Cesa el viento	The wind falls	zDi uínd fols
Hay humedad	It is wet	It is uét
Hay mucho lodo	It is very muddy	It is véri moedi

Español	Inglés	Pronunciación
Ha pasado la tormenta	The storm is over	zDi storm is óver
Ha cambiado el viento	The wind has changed	zDi uínd jas chéinyet
No hace tanto calor	It is not so hot	It is not so jot
Hay mucho polvo	It is very dusty	It is véri doesti
Hay niebla	It is foggy	It is fógui
Está lloviznando	It is drizzling	It is drisling
Es de día	It is daylight	It is déilait
Es de noche	It is night	It is náit
Hay luna	It is moonlight	It is múnlait
Sale el sol	The sun is rising	zDi sœn is ráising
Se pone la luna	The moon is setting	zDi mun is séting
Cuarto creciente	First quarter	Foerst cuórtoer
Cuarto menguante	Second quarter	Sécond cuórtoer
Luna llena	Full moon	Ful mun
Luna nueva	New moon	Niú mun
El arco iris	The rainbow	zDi réinbou

Observaciones. Adviértase la forma especial de construir en inglés la frase relativa a la hora. Se emplea siempre *it is* (es), lo mismo si es una hora que si son varias. Para decir *dos menos cinco*, se dice *five to two* (literalmente, cinco para las dos), y para decir *dos y cinco* se dice *five past two* (literalmente, cinco pasadas las dos), y así sucesivamente. En inglés no se emplea el artículo antes de la hora. Se dice: *It is one o'clock, it is two o'clock*, en lugar de *it is the one, the two*, etc.

En cambio, se emplea siempre, después de las horas exactas, la expresión *o'clock*, que es una contracción de *of the clock* (del reloj).

Las frases relativas al tiempo, como, por ejemplo, *hace frío*, *hace calor*, que en español se construyen sin sujeto, en inglés llevan siempre delante el pronombre neutro *it* (ello), y así se dice: *It is cold*, *it is warm*.

LECCIÓN IV

ADJETIVO (CONTINUACIÓN)

Vocabulario

Español	Inglés	Pronunciación
este, esta	this	zdis
estos, estas	these	zdíis
aquel, aquella, ese, esa	that	zdat
aquellos, aquellas, esos, esas	those	zdóus
mi, mis	my	mái
tu, tus	your	yúar
su, sus (de él)	his	jis
su, sus (de ella)	her	jer
su, sus (de ellos, ellas)	their	zdéaer
nuestro, nuestra, nuestros, nuestras	our	áur
vuestro, vuestra vuestros, vuestras	your	yúar
su, sus (de usted, ustedes)	your	yúar
casa	house	jáus

Español	Inglés	Pronunciación
habitación	room	rum
techo	ceiling	sílin
tejado	roof	ruf
piso	floor	flóœr
pared	wall	uól
ventana	window	uíndou
puerta	door	dóar
escalera	staircase	stéærkeis
comedor	dining-room	dáining-rum
vestíbulo	hall	jol
sala	parlour	párlor
salón	drawing-room	dróing-rum
domitorio	bed-room	bed-rum
cuarto de baño	bath-room	baz-rum
cocina	kitchen	kítchen
silla	chair	chéar
sillón	arm-chair	arm-chéar
mecedora	rocking-chair	rókin-chéar
sofá	sofa	sófa
lámpara	lamp	lamp
cortina	curtain	cœrten
cuadro	picture	píkchœr
taburete	stool	stul
espejo	mirror	mírœr
muebles	furniture	fœrnichœr
llave	key	ki
cerrojo	bolt	bolt
candado	padlock	pádlok

Español	Inglés	Pronunciación
cama	bed	bed
mesa de noche	night table	náit téiboel
sábana	sheet	shit
manta	blanket	blánket
colchón	mattress	mátres
almohada	pillow	pílou
lavamanos	wash-stand	uásh-stand
toalla	towel	táuel
jabón	soap	sóup
esponja	sponge	sponsh
polvos	powder	páuder
navaja de afeitar	razor	résor
peine	comb	comb
cepillo	brush	broesh
cuánto	how much	jáu moch
cuántos	how many	jáu méni
dónde	where	juéar
aquí	here	jíar
allí	there	zdéar
hay (singular)	there is	zdéar is
hay (plural)	there are	zdéar ar
aquí está	here is	jíar is
aquí están	here are	jíar ar
de	of	of
en	in	in
sobre	on	on

FRASEOLOGÍA

Esta habitación es grande.
This room is large.
zDis rum is larsh.

Hay dos ventanas, una puerta y una lámpara.
There are two windows, a door and a lamp.
zDéar ar tu uíndous, ei doar and ei lamp.

Mi cama y mi mesa son muy bonitas.
My bed and my table are very pretty.
Mái bed and mái téiboel ar véri príti.

¿Dónde está nuestro libro?
Where is our book?
Juéar is áur buk?

Su libro está allí, sobre esa silla.
Your book is there, on that chair.
Yúar buk zdéar, on zdat chéar.

¿Cuántas habitaciones hay en su casa (de usted)?
How many rooms are there in your house?
Jáu meni rums ar zdéar in yúar jáus?

En mi casa hay cuatro habitaciones: la sala, el comedor, el
    salón y el dormitorio.
In my house there are four rooms: the parlour, the dining-
    room, the drawing-room and the bed-room.
In mái jáus zdéar ar fór rums: zdi parlor, zdi dáining-rum, zdi
    dróing-run and zdi bed-rum.

Las ventanas de estas habitaciones son muy estrechas.
The windows of these rooms are very narrow.
zDi uíndous of zdíis rums ar véri nárou.

El techo de nuestro vestíbulo está alto.
The ceiling of our hall is high.
zDi sílin of áur jol is jái.

Yo tengo la llave de mi hermano y la toalla de mi hermana.
I have my brother's key and my sister's towel.
Ai jav mái bródœrs ki and mái sísters táuel.

¿Cuántas puertas hay en tu casa ?
How many doors are there in your house?
Jáu méni doars ar zdéar in yúar jáus?

Su toalla (de él) está sucia.
His towel is dirty.
Jis táuel is dœrti.

En su habitaciún (de ellos) hay dos sillones.
There are two arm-chairs in their room.
zDéar ar tu arm-chéars in zdéir rum.

Observaciones: El genitivo, o relación de posesión, se expresa de dos maneras:

1. Anteponiendo la preposición *of* (de) al substantivo. Ej. *the legs of the table* (las patas de la mesa).
2. Añadiendo 's al substantivo que designa al poseedor y anteponiendo este sustantivo al de la cosa poseída. Ej. *my mother's house* (la casa de mi madre).

Esta segunda forma sólo suele emplearse para las personas o seres animados.

Si el sustantivo termina en *s*, sólo se le añade el apóstrofo. Ej. *my brothers' book* (el libro de mis hermanos).

ADICIÓN A LA LECCIÓN IV

Divisiones del tiempo

Español	Inglés	Pronunciación
estaciones	seasons	sísons
primavera	spring	spring
verano	summer	sómer
otoño	autumn, fall	ótom, fol
invierno	winter	uínter
meses	months	monzs
enero	January	yánuari
febrero	February	fébruari
marzo	March	march
abril	April	éipril
mayo	May	méi
junio	June	yiun
julio	July	yiulái
agosto	August	ógost
septiembre	September	septémbœr
octubre	October	octóbœr
noviembre	November	novémbœr

Español	Inglés	Pronunciación
diciembre	December	disémbœr
días	days	déis
domingo	Sunday	soendei
lunes	Monday	móndei
martes	Tuesday	tiúsdei
miércoles	Wednesday	vénsdei
jueves	Thursday	zœrsdei
viernes	Triday	fráidei
sábado	Saturday	sátœrdei
año	year	yíar
semana	week	uík
una quincena	a fortnight	ei fórnait
un siglo	a century	ei sénturi
siglo xx	twentieth century	tuéntiz sénturi
año bisiesto	leap year	lip yíar
día festivo	holiday	jólidei
día laborable	work day	uœrk déi
una hora	an hour	an áuar
media hora	half an hour	jaf an áuar
un cuarto de hora	a quarter of an hour	ei cuórtœr of an áuar
un minuto	a minute	ei mínœt
un segundo	a second	ei sécond
la mañana	the morning	zdi mórning
la tarde	the afternoon	zdi áfternun
la noche	the night	zdi náit
mediodía	noon	nun
medianoche	midnight	midnáit

Español	Inglés	Pronunciación
hoy	today	tudéi
mañana	tomorrow	tumóro
ayer	yesterday	yésterdei
anteayer	the day before yesterday	zdi déi bifóar yésterdei
anoche	last night	last náit
mañana por la mañana	tomorrow morning	tumóro mórning
la aurora	the dawn	zdi dóun
qué	what	juát
Navidad	Christmas	crísmas
pasado mañana	after tomorrow	áfter tumóro
Año Nuevo	New Year	nú yíar
la fecha	the date	zdi déit
el fin de mes	the end of the month	zdie end of zdi monz
el principio	the beginning	zdi biguíning
será	will be	uíl bi
era, fue	was	uós

FRASEOLOGÍA

¿Cuántos días hay en una semana?
How many days are there in a week?
Jáu méni deis ar zdéar in ei uík?

En una semana hay siete días.
There are seven days in a week.
zDéar ar seven deis in ei uík.

¿Qué día de la semana es hoy?
What day of the week is today?
Juát déi of zdi uík is tudéi?

Hoy es lunes y ayer fue domingo.
Today is Monday, and yesterday was Sunday.
Tudéi is móndei and yésterdei uós sœndei.

Mañana será martes y pasado mañana será miércoles.
Tomorrow will be Tuesday and the day after tomorrow will
   be Wednesday.
Tumóro uíl bi tiúsdei and the dei after tumóro uíl bi uénsdei.

El domingo es día festivo.
Sunday is a holiday.
Sondei is ei jólidei.

El lunes es día laborable.
Monday is a work day.
Móndei is ei uórk déi.

En un año hay doce meses.
There are twelve months in a year.
zDéar ar tuelf monz in ei yíar.

Enero es el primer mes del año.
January is the first month of the year.
Yánuari is zdi fœrst monz of zdi yíar.

En un año hay cuatro estaciones.
There are four seasons in a year.
zDéar ar for sísons in ei yíar.

¿Cuántas semanas hay en un año?
How many weeks are there in a year?
Jau méni uíks ar zdéar in ei yíar?

En un año hay cincuenta y dos semanas.
There are fifti-two weeks in a year.
zDéar ar fifti-tu uíks in ei yíar.

Observaciones: Los nombres de los días de la semana
y de los meses del año se escriben en inglés con letra
mayúscula. Los nombres de los días no van precedidos del
artículo.

LECCIÓN V

Pronombre

VOCABULARIO

Español	Inglés	Pronunciación
yo	I	ái
tú	thou, you*	zdáu, yu
él	he	ji
ella	she	shi
ello	it	it
nosotros, nosotras	we	uí
vosotros, vosotras, usted, ustedes	you	yu
ellos, ellas	they	zdéi
me, a mí	me	mí
te, a ti	you	yu
le, a él	him	jim
la, a ella	her	jer
le, la, a ello	it	it
nos, a nosotros, a nosotras	us	œs

---

* El pronombre *tú* se expresa generalmente por *you*. *Thou* se emplea solamente en lenguaje religioso y en poesía.

63

Español	Inglés	Pronunciación
vos, a vosotros, a vosotras, le, a usted, a ustedes	you	yu
les, a ellos, a ellas	them	zdém
mío, mía	mine	máin
tuyo, tuya	yours	yúars
suyo, suya (de él)	his	jis
suyo, suya (de ella)	hers	jers
nuestro, nuestra	ours	áurs
vuestro, vuestra, de usted, de ustedes	yours	yúars
suyo (de ellos, de ellas)	theirs	zdéars
suyo (neutro)	its	its
éste, ésta, esto	this	zdis
éstos, éstas	these	zdíis
ése, ésa, eso, aquél aquélla, aquello	that	zdat
ésos, ésas, aquéllos, aquéllas	those	zdóus
qué	what	juát
cuál, cuáles	which	júich
quién	who	ju
de quién (cuyo, cuya)	whose	jus
a quién	whom	jum
yo mismo	myself	máiself
tú mismo, tú misma, usted mismo, usted misma	yourself	yuarsélf

Español	Inglés	Pronunciación
él mismo	himself	jimsélf
ella misma	herself	jersélf
ello mismo	itself	itsélf
nosotros mismos, nosotras mismas	ourselves	auarsélvs
vosotros mismos, vosotras mismas, ustedes mismos	yourselves	yuarsélvs
ellos mismos, ellas mismas	themselves	zdemsélvs
alguien	somebody	sœmbódi
nadie	nobody	nóbodi
algo	something	sóemdfin
nada	nothing	nódfin
otro	other	óder
ni uno ni otro	neither	níder
uno u otro	either	íder
ambos	both	bodf
la familia	the family	zdi fámili
hijo	son	son
hija	daughter	dótœr
sobrino	nephew	néfiu
sobrina	niece	nis
padres	parents	párents
abuelo	grand-father	grand-fadœr
abuela	grand-mother	grand-módœr
suegro	father-in-law	fádœr-in-ló
suegra	mother-in-law	módœr-in-ló

Español	Inglés	Pronunciación
yerno	son-in-law	son-in-ló
nuera	daughter-in-law	dótœr-in-ló
cuñado	brother-in-law	bródœr-in-ló
cuñada	sister-in-law	síster-in-ló
nieto	grand-son	grand-son
nieta	grand-daughter	grand-dótœr
primo, prima	cousin	coesœn
padrino	god-father	god-fádœr
madrina	god-mother	god-módœr
ahijado	god-son	god-son
ahijada	god-daughter	god-dótœr
marido	husband	jósband
esposa	wife	uáif
viudo	widower	uídouer
viuda	widow	uídou
joven (hombre)	young man	yœng mæn
joven (mujer)	young woman	yæng úmæn
señorita	young lady	yæng léidi
anciano	old man	óuld mæn
anciana	old woman	óuld úmæn
usted vende	you sell	yu sel
él vende	he sells	ji seis
Nosotros necesitamos	we need	uí nid
Ellos consiguen	they get	zdéi guet
él trae	he brings	ji brings
ella llama	she calls	shi cols
usted lava	you wash yourself	yu uósh yuarsélf

Español	Inglés	Pronunciación
nosotros amamos	we love	uí lov
ellos pagan	they pay	zdéi péi
él cuida	he cares	ji kéars
no	not, no	not, nóu
para, por	for	for
con	with	uíz

FRASEOLOGÍA

Usted vende su libro, su cuaderno, su lápiz y su silla.
You sell your book, your copy-book, your pencil and your
    chair.
Yu sel yúar buk, yúar cópibuk, yúar pénsil and yúar chéar.

Yo tengo una hermana y un cuñado.
I have a sister and a brother-in-law.
Ai jav ei síster and ei bródœr in ló.

Nosotros amamos a nuestros padres.
We love our parents.
Uí lov áur párents.

Ella necesita arroz, frijoles, leche y café.
She needs rice, beans, milk and coffee.
Shi níds, ráis, bins, milk and cófi.

Usted compra una silla amarilla y una mesa verde.
You buy a yellow chair and a green table.
Yu bai ei yélo chéar and ei grin téibœl.

Él llama a Juan y le trae el libro.
He calls John and brings him the book.
Ji cols Yon and brings jim zdi buk.

Él cuida a su hermana y a su hermano.
He cares his sister and his brother.
Ji kéars jis síster and jis bródœr.

Este vestido es mío y ese sombrero es tuyo.
This dress is mine and that hat is yours.
zDis dres is máin and zdat jaet is yúars.

¿De quién es este pañuelo?
Whose is this handkerchief?
Jus is zdis jánkerchif?

¿Quién es ese anciano?
Who is that old-man?
Ju is zdat óuld-mæn?

Aquellos guantes son suyos (de ellos).
Those gloves are theirs.
zDóus glovs ar zdéars.

¿Qué es eso? Es mi libro.
What is that? It is my book.
Juát is zdat? It is mái buk.

No es mi libro, es el suyo (de usted).
It is not my book, it is yours.
It is not mái buk, it is yúars.

Observaciones: Los pronombres *I, you, he, she, it, we, you* y *they* son los que emplean como sujetos de la oración. Ej. *I have* (yo tengo), *she has* (ella tiene), etc. Los pronombres *me, you, him, her, it, us, you, them* se emplean, para las diferentes personas, como complementos directos e indirectos. Ej. *I give you a book* (yo le doy —a usted— un libro), *he gives me apen* (él me da una pluma), *I understand you* (yo le comprendo). Adviértase que este pronombre se coloca detrás del verbo.

Los pronombres posesivos se emplean siempre sin artículo. Ej. *This is my book, and that is yours* (éste es mi libro y aquél es el suyo).

ADICIÓN A LA LECCIÓN V

Elementos de la conversación

Español	Inglés	Pronunciación
Quiero hablar	I wish to speak	Ai uísh to spík
Él quiere hablar inglés	He wishes to speak English	Ji uíshes tu spík ínglish
¿Quiere usted hablar inglés	Do you wish to speak English?	Du yu uísh tu spík ínglish?
Sí, señor; me gustaría hablar inglés	Yes, sir, I should like to speak English	Yes, sær, ái shud láik tu spík ínglish
¿Por qué quiere usted hablar idiomas?	Why do you wish to speak languages?	Juái du yu uísh tu spík lángüishes?

Español	Inglés	Pronunciación
Para viajar	In order to travel	In órder tu trável
¿Habla usted fácilmente?	Do you speak easy?	Du yu spík ísi?
Hablo y entiendo un poco	I speak a little and I also understand	Ai spík eɪ lítœl and ái olso œnderstánd
Me gustaría muchísimo hablar inglés	I should like very much to speak English	Ai shud láik véri mœch tu spík ínglish
Apenas lo hablo	I speak it scarcely at all	Ai spík it skérseli at ol
¿Cuándo quiere usted partir?	When do you wish to leave?	Juén du yu uísh tu liv?
¿Dónde está la estación?	Where is the station?	Juéar is zdi stéishion?
¿A qué hora sale el primer tren?	At what time does the first train leave?	At juát táim dœs zdi fœrst tréin liv?
El primer tren sale muy temprano	The first train leaves very early	zDi fœrst tréin livs véri érli
¿Quiere usted comer ahora?	Do you wish to dine now?	Du yu uísh tu dáin náu?
¿Qué desea usted comer?	What do you wish to eat?	Juát du yu uís tu it?
¿De qué hablaba usted cuando llegué?	What were you speaking of when I came in?	Juát uéar yu spíking of juén ái kéim in?
Preguntaba a este caballero, cómo se pronuncia en inglés esta palabra	I was asking this gentleman, how this word is pronounced in english	Ai uós ásking zdis yéntœlman, jáu zdis uórd is pronáuset in ínglish

Español	Inglés	Pronunciación
Esta señora pronuncia muy bien, ¿verdad?	This lady pronounces very well, is it not so?	zDis léidi pronáunses véri uél, is it not so?
Tengo hambre	I am hungry	Ai am jœngri
Tengo sed	I am thirsty	Ai am zœrsti
Tengo sueño	I am sleepy	Ai am slípi
Dispense, señor, ¿puede decirme qué hora es?	Excuse me, sir, can you tell me what time is it?	Exkiús mi, sœr, can yu tel me juát táim is it?
¿Cómo se siente usted?	How do you feel?	Jáu du yu fil?
No me siento bien	I do not feel well	Ai du not fil uél
Lo siento	I am sorry	Ai am sóri
Me alegro mucho	I am very glad to see you	Ai am véri glad tu si yu
¿Cuántos años tiene usted?	How old are you?	Jáu óuld ar yu?
Tengo treinta años	I am thirty years old	Ai am zœrti yíars óuld
¿Cómo se llama usted?	What is your name?	Juát is yúar néim?
Me llamo...	My name is...	Mái néim is...

Observaciones: Debe hacerse notar las particularidades que ofrece la construcción de algunas de las anteriores frases, de uso tan frecuente.

1. La expresión *tengo hambre, sed, sueño*, se traduce por *I am hungry, thirsty, sleepy*, que literalmente quiere decir *estoy hambriento, sediento, soñoliento*.

Existen otras muchas expresiones que en español se construyen con el verbo tener y en inglés con el verbo *to be* (ser o estar). Las más importantes son las siguientes:

To be cold	Tener frío
To be warm	Tener calor
To be right	Tener razón
To be wrong	No tener razón
To be afraid	Tener miedo
To be ashamed	Tener vergüenza, estar avergonzado
To be in a hurry	Tener prisa

2. Para preguntar la edad se dice *how old are you*?, que literalmente significa *¿cómo es usted de viejo?*, y para decir la edad: *I am ... years old*; literalmente, *soy ... años viejo*.
3. Para preguntar *¿cómo se llama usted?*, se dice *what is your name?*, es decir, ¿cuál es su nombre?, y para contestar: *my name is...*, *mi nombre es....*

LECCIÓN VI

Verbos auxiliares

En inglés, los verbos auxiliares son los siguientes:

- *To have*, haber o tener; *to be*, ser o estar, *to do*, hacer; *shall*, deber; *will*, querer; *may*, poder; *can*, poder; *must*, deber (obligación).

- Los verbos *to have*, *to be* y *to do* son, además de auxiliares, verbos principales y se conjugan en todos sus tiempos. Los demás son defectivos, es decir, que sólo se conjugan en algunos tiempos.

- El verbo *to do* se emplea como auxiliar para formar las frases interrogativas y negativas, en cuyo caso no tiene traducción en español. Ej., *Do you speak English*? (¿Habla usted inglés?) *I do not speak English* (Yo no hablo inglés). No se emplea *to do* en las frases interrogativas o negativas formadas con los verbos *to have* y *to be*. Ej., *Have you a book*? (¿Tiene usted un libro?) *Are you the pupil*? (¿Es usted el alumno?)

- Cuando se emplean en infinitivo, los verbos ingleses van precedidos siempre de la partícula *to*, a excepción de los auxiliares *shall*, *will*, *may*, *can* y *must*.

TIEMPOS PRINCIPALES DEL VERBO
TO HAVE (HABER O TENER)
INDICATIVO
PRESENTE

I have	Yo he o tengo
You have	Tú has o tienes
He has	Él ha o tiene
She has	Ella ha o tiene
It has	Ha o tiene (neutro)
We have	Nosotros hemos o tenemos
You have	Vosotros habéis o tenéis, usted ha o tiene
They have	Ellos han o tienen
PRETÉRITO	
I had	Yo había o tenía, hube o tuve
You had	Tú habías o tenías
He had	Él había o tenía
She had	Ella había o tenía
It had	Había o tenía (neutro)
We had	Nosotros habíamos o teníamos
You had	Vosotros habíais o teníais, usted había o tenía
They had	Ellos habían o tenían
FUTURO	
I shall have	Yo habré o tendré
You will have	Tu habrás o tendrás
He will have	Él habrá o tendrá
She will have	Ella habrá o tendrá
It will have	Habrá o tendrá (neutro)
We shall have	Nosotros habremos o tendremos

You will have	Vosotros habréis o tendréis, usted habrá o tendrá
They will have	Ellos habrán o tendrán

CONDICIONAL	
I should have	Yo habría o tendría
You would have	Tú habrías o tendrías
He would have	Él habría o tendría
She would have	Ella habría o tendría
It would have	Habría o tendría (neutro)
We should have	Nosotros habríamos o tendríamos
You would have	Vosotros habríais o tendríais, usted habría o tendría
They would have	Ellos habrían o tendrían

IMPERATIVO	
Have	Ten, tened, tenga
Let him have	Tenga él
Let her have	Tenga ella
Let us have	Tengamos nosotros
Let them have	Tengan ellos, ellas

GERUNDIO	
Had	Tenido, habido

PARTICIPIO PASADO	
Having	Teniendo, habiendo

Los tiempos compuestos se forman, igual que en español, con los tiempos simples y el participio pasado. Ej., *I have had*, yo he tenido; *we had had*, nosotros habíamos tenido; *they will have had*, ellos habrán tenido; *we should have had*, nosotros habríamos tenido.

Observaciones: Para la formación del futuro y del condicional se emplea *shall* y *should*, respectivamente, en la primera persona del singular y del plural, y *will* y *would* en las restantes, siempre que la acción no tenga un carácter imperativo; pero en caso contrario, dichos auxiliares se emplean invertidos. Así, si se dice *you will read*, significa simplemente *usted leerá*; pero si se dice *you shall read*, se expresa una idea de mandato u obligación, es decir, *usted deberá leer*.

TIEMPOS PRINCIPALES DEL VERBO TO BE (SER O ESTAR) INDICATIVO

PRESENTE	
I am	Yo soy o estoy
You are	Tú eres o estás
He is	Él es o está
She is	Ella es o está
It is	Es o está (neutro)
We are	Nosotros somos o estamos
You are	Vosotros sois o estáis, usted es o está
They are	Ellos son o están
PRETÉRITO	
I was	Yo era o estaba, fuí o estuve
You were	Tú eras o estabas
He was	Él era o estaba
She was	Ella era o estaba
It was	Era o estaba (neutro)
We were	Nosotros éramos o estábamos

You were	Vosotros erais o estabais, usted era o estaba
They were	Ellos eran o estaban
FUTURO	
I shall be	Yo seré o estaré
You will be	Tú serás o estarás
He will be	Él será o estará
She will be	Ella será o estará
It will be	Será o estará (neutro)
We shall be	Nosotros seremos o estaremos
You will be	Vosotros seréis o estaréis, usted será o estará
They will be	Ellos serán o estarán
CONDICIONAL	
I should be	Yo sería o estaría
You would be	Tú serías o estarías
He would be	Él sería o estaría
She would be	Ella sería o estaría
It would be	Sería o estaría (neutro)
We should be	Nosotros seríamos o estaríamos
You would be	Vosotros seríais o estaríais, usted sería o estaría
They would be	Ellos serían o estarían
IMPERATIVO	
Be	Sé (tú), (vosotros), sea (usted)
Let him be	Sea (él)
Let her be	Sea (ella)
Let us be	Seamos
Let them be	Sean (ellos o ellas)

GERUNDIO	
Being	Siendo, estando

PARTICIPIO	
Been	Sido, estado

TIEMPOS PRINCIPALES DEL VERBO
TO DO (HACER)
INDICATIVO

PRESENTE	
I do	Yo hago
You do	Tú haces
He does	Él hace
She does	Ella hace
It does	Hace (neutro)
We do	Nosotros hacemos
You do	Vosotros hacéis, usted hace
They do	Ellos hacen

PRETÉRITO	
I did	Yo hacía o hice
You did	Tú hacías
He did	Él hacía
She did	Ella hacía
It did	Hacía (neutro)
We did	Nosotros hacíamos
You did	Vosotros hacíais, usted hacía
They did	Ellos hacían

GERUNDIO	
Doing	Haciendo

PARTICIPIO	
Done	Hecho

Observaciones: El verbo *to do*, cuando se usa como auxiliar, sólo se emplea en presente y pretérito. Cuando se emplea como verbo activo, los demás tiempos se forman como los de *to have* y *to be*.

Como ya se ha dicho, el verbo *to do* se emplea para formar las frases interrogativas y negativas, usándose el presente o el pretérito según el tiempo en que se formule la frase. Así se dice: *I do not speak*, yo no hablo; *does he speak*?, ¿habla él?; *we did not speak*, nosotros no hablábamos; *did you speak*?, ¿hablaba usted?

Adviértase que *do* se coloca delante del pronombre en la frase interrogativa y detrás en la frase negativa.

VERBO SHALL (DEBER)

PRESENTE INDICATIVO	
I shall	Yo debo
You shall	Tú debes
He shall	Él debe
She shall	Ella debe
We shall	Nosotros debemos
You shall	Vosotros debéis
They shall	Ellos deben
PRETÉRITO INDICATIVO Y CONDICIONAL	
I should	Yo debía, debía o debería
You should	Tú debías, etc.

He should	Él debía
She should	Ella debía
We should	Nosotros debíamos
You should	Vosotros debíais
They should	Ellos debían

Observaciones: Como ya se ha visto, este verbo se emplea para conjugar el futuro y el condicional de los demás.

VERBO WILL (QUERER)

PRESENTE DE INDICATIVO	
I will	Yo quiero
You will	Tú quieres
He will	Él quiere
She will	Ella quiere
We will	Nosotros queremos
You will	Vosotros queréis, usted quiere
They will	Ellos quieren
PRETÉRITO DE INDICATIVO Y CONDICIONAL	
I would	Yo quería, quise, querría
You would	Tú querías, etc.
He would	Él quería
She would	Ella quería
We would	Nosotros queríamos
You would	Vosotros queríais
They would	Ellos querían

Observaciones: Este verbo se emplea para conjugar el futuro y el condicional de los demás. Sin embargo, es también verbo regular, *to will*, querer, en cuyo caso se conjugan los demás tiempos.

VERBO CAN (PODER)

PRESENTE DE INDICATIVO	
I can	Yo puedo
You can	Tú puedes
He can	Él puede
She can	Ella puede
We can	Nosotros podemos
You can	Vosotros podéis, usted puede
They can	Ellos pueden
PRETÉRITO DE INDICATIVO Y CONDICIONAL	
I could	Yo podía, pude, podría
You could	Tú podías, etc.
He could	Él podía
She could	Ella podía
We could	Nosotros podíamos
You could	Vosotros podíais
The could	Ellos podían

VERBO MAY (PODER)

PRESENTE DE INDICATIVO	
I may	Yo puedo
You may	Tú puedes
He may	Él puede

She may	Ella puede
We may	Nosotros podemos
You may	Vosotros podéis, usted puede
They may	Ellos pueden
PRETÉRITO DE INDICATIVO Y CONDICIONAL	
I might	Yo podía, pude, podría
You might	Tú podrías, etc.
He might	Él podía
She might	Ella podía
We might	Nosotros podíamos
You might	Vosotros podíais
They might	Ellos podían

Observaciones: *May* y *can* significan igualmente *poder*; pero el primero refleja una idea de posibilidad, libertad o autorización, y el segundo una idea de facultad física o material. Por ejemplo, *you may write* significa *usted puede escribir* (tiene permiso para escribir), y *you can write* significa *usted puede escribir* (tiene facultad para escribir).

VERBO MUST (DEBER)

PRESENTE DE INDICATIVO	
I must	Yo debo, debía o debí
You must	Tú debes, etc.
He must	Él debe
She must	Ella debe
We must	Nosotros debemos
You must	Vosotros debéis
They must	Ellos deben

Observaciones: *Must* significa *deber* con un carácter obligación o necesidad. Por ejemplo, *I must study* quiere decir debo estudiar (en el sentido de "es preciso que estudie").

Las formas negativas *do not, does not, did not, shall not, should not, will not, would not, may not, might not, can not, could not* y *must not* suelen emplearse en contracción en la forma siguiente: *don't, doesn't, didn't shaln't, shouldn't, won't, wouldn't mayn't, mightn't, can't, couldn't* y *mustn't*.

ADICIÓN A LA LECCIÓN VI

Vocabulario

LA CIUDAD

Español	Inglés	Pronunciación
ciudad	town	táun
calle	street	strit
acera	sidewalk	sáiduok
autobús	omnibus, bus	ómnibœs, bœs
automóvil	automobile, car	otomobíl, car
tranvía	street-car	strítcar
tren subterráneo (metro)	subway, sub	sóbuei, sœb
camión de carga	truck	trœk
bicicleta	bicycle	báisikœl
policía	policeman	polísmæm
hotel	hotel	jotél
banco	bank	bænk
iglesia	church	chœrch
caballo	horse	jors
tienda	store, shop	stor, shop
casa	house	jáus
edificio	building	bílding
letrero	sign	sáin
árbol	tree	tri
luz eléctrica	electric light	eléctric láit
gente	people	pípœl
cielo	sky	skái

Español	Inglés	Pronunciación
yo camino	I walk	ái uók
usted camina	you walk	yu uók
yo veo	I see	ái si
usted ve	you see	yu si
yo corro	I run	ái rœn
usted corre	you run	yu rœn
yo cruzo	I cross	ái cros
usted cruza	you cross	yu cros

FRASEOLOGÍA

¿Dónde está su hermano?
Where is your brother?
Juéar is yúar bródœr?

Mi hermano está en la calle.
My brother is in the street.
Mái bródœr is in zdi strit.

¿Qué ve usted en esa calle?
What do you see in that street?
Juát du yu si in zdat strit?

Yo veo un tranvía y un automóvil.
I see a street-car and a car.
Ai si ei strítcar and ei car.

¿Ve usted un policía en la acera?
Do you see a policeman on the sidewalk?
Du yu si ei polísmæn on zdi sáiduok?

Yo veo un hotel, un banco y una iglesia.
I see a hotel, a bank and a church.
Ai si ei jotél, ei bænk and ei chœrch.

¿Ve usted gente en la calle?
Do you see people in the street?
Du yu si pípœl in zdi strit?

Sí, yo veo gente en la calle.
Yes, I see people in the street.
Yes, ái si pípœl in zdi strit.

Mi hermana está en esta tienda.
My sister is in this store.
Mái síster is in zdis stor.

Los automóviles, los tranvías y los camiones corren.
The cars, the street-cars and the trucks run.
zDi cars, zdi strítcars and zdi trœks rœn.

Usted cruza la calle ahora.
You cross the street now.
Yu cros zdi strit náu.

¿Ve usted un caballo y un árbol?
Do you see a horse and a tree?
Du yu si ei jors and ei tri?

Yo veo un letrero en ese edificio.
I see a sign on that building.
Ai si ei sáin on zdat bílding.

El cielo es azul.
The sky is blue.
zDi skái is blú.

LECCIÓN VII

Verbos regulares

La conjugación de los verbos en inglés es bastante sencilla. Con excepción de la tercera persona del singular del presente de indicativo, la misma palabra sirve para todas las personas de cada tiempo, variando únicamente los pronombres que sirven de sujeto.

Los verbos regulares son aquellos que forman el participio pasado y el pretérito añadiendo la terminación *d* si el infinitivo termina en *e*, y *ed* si termina en consonante. Si termina en *y* precedida de consonante, se cambia esta letra por *i* antes de añadir *ed*. Ej. *to love* (amar), *loved* (amado y amé); *to walk* (caminar), *walked* (caminado y caminé); *to study* (estudiar), *studied* (estudiado y estudié).

El gerundio se forma añadiendo *ing* al infinitivo. Si el infinitivo termina en *e* se suprime esta letra antes de añadir la terminación *ing*. Cuando el infinitivo termina en consonante precedida de vocal con acento tónico, se duplica dicha consonante antes de añadir *ing*. Ej. *to walk* (caminar), *walking* (caminando); *to love* (amar), *loving* (amando); *to cut* (cortar), *cutting* (cortando).

La tercera persona de singular del presente de indicativo toma siempre una *s*. Si el infinitivo termina en *s*, *sh*, *x*, se añade *es*. Si termina en *y* precedida de consonante, se cambia la *y* por *i* antes de añadir *es*. Ej. *to love* (amar), *he loves* (él ama); *to cross* (cruzar), *he crosses* (él cruza); *to wish* (desear) , *he wishes* (él desea); *to fix* (fijar), *he fixes* (él fija); *to study* (estudiar), *he studies* (él estudia).

Conjugación de un verbo regular

TO LOVE AMAR

INDICATIVO

PRESENTE	
I love	Yo amo
You love	Tú amas
He loves	Él ama
She loves	Ella ama
We love	Nosotros amamos
You love	Vosotros amáis, usted ama
They love	Ellos aman
PRETÉRITO	
I love	Yo amaba o amé
You love	Tú amabas, etc.
He loves	Él amaba
She loves	Ella amaba
We love	Nosotros amábamos
You love	Vosotros amabais, usted amaba
They love	Ellos amaban
FUTURO	
I shall love	Yo amaré
You will love	Tú amarás

He will love	Él amará
She will love	Ella amará
We shall love	Nosotros amaremos
You will love	Vosotros amaréis, usted amará
They will love	Ellos amarán
CONDICIONAL	
I should love	Yo amaría, amara o amase
You would love	Tú amarías, etc.
He would love	Él amaría
She would love	Ella amaría
We should love	Nosotros amaríamos
You would love	Vosotros amaríais, usted amaría
They would love	Ellos amarían
IMPERATIVO	
Let me love	Ame yo
Love you	Ama tú
Let him love	Ame él
Let her love	Ame ella
Let us love	Amemos nosotros
Love you	Amad vosotros, ame usted
Let them love	Amen ellos

Los tiempos compuestos se forman con el auxiliar, *to have* (haber) y participio pasado. Ej. *I have loved* (yo he amado; *I had loved* (yo había amado); *I shall have loved* (yo habré amado); *I should have loved* (yo habría amado).

Como se ha visto, el imperativo se forma con la partícula *let* delante del pronombre objetivo, menos en la segunda persona del singular y plural, que lleva sólo el verbo seguido del pronombre .

El presente de subjuntivo es el mismo que el de indicativo, con la diferencia de que va precedido de la conjunción *if* (si) y de que la tercera persona de singular no toma *s*. Ej. *If I love* (que yo ame). Este tiempo se emplea muy poco en inglés y se sustituye con diversos giros de la frase. Ej. *I am glad that you are well* (me alegro de que esté usted bien). También se emplea con este objeto el auxiliar *may* (poder). Ej. *I hope you may find it* (espero que usted lo encuentre).

El pretérito de subjuntivo se forma anteponiendo al pretérito de indicativo la conjunción *if*. Ej. *if I loved* (si yo amara).

La forma pasiva se construye con el auxiliar *to be* (ser) y el participio pasado. Ej. *I am loved* (yo soy amado).

Para las frases en presente de indicativo se emplea en inglés con mucha frecuencia una forma especial de construcción, llamada forma progresiva, que indica que la acción se está realizando y que se construye con el presente de indicativo del verbo *to be* (ser) y el gerundio del verbo conjugado. Así por ejemplo, yo leo. *I read*, o *I am reading* (literalmente, estoy leyendo).

Construcción de las frases interrogativas y negativas

Las frases interrogativas se construyen con el auxiliar *to do*, empleando *do* o *does*, si la frase está en presente, y *did* si está en pasado, salvo para los verbos *to have* (tener), y *to be* (ser o estar), con los que no se emplea el auxiliar *to do*.

Las frases negativas se construyen con el mismo auxiliar, salvo las mencionadas excepciones, y la negación *not* (no).

Ej. *Do you see the street*? (¿Ve usted la calle?). *I do not see the street* (Yo no veo la calle). *Have you the book*? (¿Tiene usted el libro?). *I have not the book* (Yo no tengo el libro). *Are you my brother*? (¿Es usted mi hermano?) *I am not your brother* (Yo no soy su hermano).

Para la negación se emplea *no* y *not*. Se usa no cuando la negación va sola o acompañada de un sustantivo, equivaliendo en este último caso a *ninguno*, y *not* en los demás casos. Ej. *Do you speak English*? (¿Habla usted inglés?) *No, I do not speak English* (No, no hablo inglés). *I have no books* (No tengo libros).

Cuando la pregunta se hace con el auxiliar *to do*, la respuesta puede abreviarse en la siguiente forma: *Do you speak English*? (¿Habla usted inglés?) *Yes, I do* (Sí, lo hablo). *No, I do not* (No, no lo hablo).

La expresión ¿verdad?, ¿no es verdad?, se forma también con *to do*, en la siguiente forma: *You speak English, do you not*? (Usted habla inglés, ¿no es verdad?) *You do not speak English, do you*? (Usted no habla inglés, ¿verdad?). Es decir, que si la frase es afirmativa se emplea *do you*, y si es negativa se usa *do you not*.

VERBOS REFLEXIVOS

Los verbos reflexivos se conjugan con los pronombres reflexivos colocados detrás del verbo. Ej.

TO WASH ONE'S SELF (LAVARSE)

I wash my self	Yo me lavo
You wash yourself	Tú te lavas

He washes himself	Él se lava
She washes herself	Ella se lava
We wash ourselves	Nosotros nos lavamos
You wash yourselves	Vosotros os laváis, ustedes se lavan
You wash yourself	Usted se lava
They wash themselves	Ellos se lavan

Debe advertirse que algunos verbos que son reflexivos en español no lo son en inglés, conjugándose como verbos activos. Por ejemplo, *acostarse* se dice *to go to bed* (literalmente, ir a la cama) , y *yo me acuesto, I go to bed*; *levantarse, to get up*, y *yo me levanto, I get up*. Para *llamarse*, se emplea la forma pasiva *to be called* (literalmente, ser llamado) y *yo me llamo* se dice *I am called* (yo soy llamado). Para *ponerse* o *quitarse* ropa, calzado, etc., se emplea *put on* o *take off*, respectivamente, anteponiendo al substantivo el adjetivo posesivo. Ej. *I put on my hat* (yo me pongo el sombrero), *you take off your coat* (usted se quita la chaqueta).

Los verbos recíprocos se conjugan posponiendo al verbo las palabras *each other* o *one another*. Ej. *They love each other* (ellos se aman); *they help one another* (ellos se ayudan).

ADICIÓN A LA LECCIÓN VII

Listo de los verbos regulares más importantes

Español	Inglés	Pronunciación
agregar	add	ad
aconsejar	advise	adváis
ayudar	aid	eid
divertir	amuse	amiús
contestar	answer	ánser
arreglar	arrange	arénsh
preguntar	ask	ask
evitar	avoid	avóid
creer	believe	bilív
pertenecer	belong	bilóng
cepillar	brush	brœsh
quemar	burn	bœrn
bendecir	bless	bles
apostar	bet	bet
construir	build	bild
llamar	call	col
cambiar	change	chéinsh
limpiar	clean	clin
cocinar	cook	cuk
toser	cough	cof
cruzar	cross	cros
llorar	cry	crái

Español	Inglés	Pronunciación
cerrar	close	clóus
entregar	deliver	dilíver
negar	deny	dinái
desear	desire	disáœr
morir	die	dái
comer	dine	dáin
dudar	doubt	dáut
secar	dry	drái
bailar	dance	dans
emplear	employ	emplói
disfrutar	enjoy	enyói
entrar	enter	énter
borrar	erase	ireis
dispensar	excuse	exkiús
temer	fear	fíar
llenar	fill	fil
acabar	finish	fínish
fijar	fix	fix
seguir	follow	fólou
libertar	free	fri
freír	fry	frái
ganar	gain	guéin
recoger	gather	gádœr
conceder	grant	grant
saludar	greet	grit
colgar	hang	jáng
contecer	happen	jápœn
odiar	hate	jéit

Español	Inglés	Pronunciación
calentar	heat	jit
ayudar	help	jelp
imitar	imitate	imitéit
mejorar	improve	imprúv
aumentar	increase	incrís
informar	inform	infórm
inquirir	inquire	inquáiar
bromear	jest	yest
juntar	join	yóin
juzgar	judge	yœdsh
saltar	jump	yœmp
matar	kill	kil
besar	kiss	kis
golpear	knock	nok
reír	laugh	laf
aprender	learn	lœrn
mentir	lie	lái
encender	light	láit
agradar	like	láik
escuchar	listen	lísœn
vivir	live	liv
mirar	look	luk
amar	love	lov
componer	mend	mend
mover	move	muv
nombrar	name	néim
necesitar	need	nid
obedecer	obey	obéi

Español	Inglés	Pronunciación
ofrecer	offer	ófer
abrir	open	óupen
deber	owe	óu
pasar	pass	pas
pagar	pay	péi
colocar	place	pléis
jugar	play	pléi
dividir	divide	diváid
soñar	dream	drim
orar	pray	préi
tirar	pull	pul
empujar	push	pœsh
llover	rain	réin
alcanzar	reach	rich
quedar	remain	riméin
alquilar	rent	rent
descansar	rest	rest
volver	return	ritórn
gobernar	rule	rul
deletrear	spell	spel
estudiar	study	stódi
sufrir	suffer	sófer
fumar	smoke	smóuk
sonreír	smile	smáil
firmar	sign	sáin
hablar	talk	tok
gustar	taste	téist
agradecer	thank	zank

Español	Inglés	Pronunciación
atar	tie	tái
tocar	touch	tœch
comerciar	trade	tréid
traducir	translate	transléit
probar	try	trái
usar	use	iús
visitar	visit	vísit
esperar	wait	uéit
caminar	walk	uók
querer	want	uónt
lavar	wash	uósh
trabajar	work	uórk
envolver	wrap	rap

ADVERTENCIAS

Con el vocabulario conocido y los verbos regulares incluídos en la lista anterior, constrúyanse frases en los distintos tiempos, teniendo en cuenta las observaciones que se han hecho al respecto al principio de esta lección y el modelo de conjugación que se ha incluido.

LECCIÓN VIII

Verbos irregulares

Como ya se ha dicho, los verbos regulares forman el pretérito y el participio pasado añadiendo *d* o *ed* al infinitivo. Los verbos irregulares son aquellos que no se atienen a esta regla y que forman dichos tiempos de varios modos. Sin embargo, el gerundio se forma siempre añadiendo la terminación *ing*.

LISTA DE LOS VERBOS IRREGULARES MÁS IMPORTANTES

Español	Inglés	Pronunciación
ser o estar	to be	tu bi
era, estaba	was	uós
sido, estado	been	bin
romper	to break	tu bréik
rompí	broke	bróuk
roto	broken	brókœn
empezar	to begin	tu biguín
empecé	began	bigán
empezado	begun	bigón

Español	Inglés	Pronunciación
morir	to die	tu dái
murió	died	dáid
muerto	dead	ded
hacer	to do	tu du
hice	did	did
hecho	done	don
beber	to drink	tu drink
bebí	drank	drank
bebido	drunk	drœnk
comer	to eat	tu it
comí	ate	éit
comido	aten	íten
olvidar	to forget	tu forguét
olvidé	forgot	forgót
olvidado	forgotten	forgóten
caer	to fall	tu fol
caí	fell	fel
caído	fallen	fólen
dar	to give	tu guív
dí	gave	guéiv
dado	given	guíven
ir	to go	tu góu
fuí	went	uént
ido	gone	gon
conocer	to know	tu nóu
conocí	knew	niú
conocido	known	nóun
ver	to see	tu si

Español	Inglés	Pronunciación
vi	saw	so
visto	seen	sin
hablar	to speak	tu spik
hablé	spoke	spóuk
hablado	spoken	spóuken
tomar	to take	tu téik
tomé	took	tuk
tomado	taken	téiken
escribir	to write	tu ráit
escribí	wrote	róut
escrito	written	ríten
comprar	to buy	tu bái
compré comprado	bought	bot
adquirir	to get	tu guet
adquirí adquirido	got	got
tener tuve	to have	tu jav
tenido	had	jad
guardar	to keep	tu kip
guardé guardado	kept	kept
decir	to say	tu séi
dije dicho	said	sed
vender	to sell	tu sel
vendí vendido	sold	sóuld
leer	to read	tu rid

Español	Inglés	Pronunciación
leí leído	read	rid
sentarse	to sit	tu sit
senté (me) sentado	sat	sat
decir	to tell	tu tel
dije	told	tould
dicho	told	tould
pensar	to think	tu zínk
pensé pensado	thought	zot
correr	to run	tu roen
corrí	ran	ran
corrido	run	roen
permitir	to let	tu let
permití permitido	let	let
poner	to put	tu put
puse puesto	put	put
cerrar	to shut	tu shoet
cerré cerrado	shut	shoet
coger	to catch	tu cach
cogí cogido	caught	cot
pagar	to pay	tu péi
pagué pagado	paid	péid
mostrar	to show	tu shóu

Español	Inglés	Pronunciación
mostré	showed	shóud
mostrado	shown	shóun
trabajar	to work	tu uórk
trabajé	worked	uorked
trabajado	wrought	rot
venir	to come	tu com
vine	came	kéim
venido	come	com

Observaciones: Téngase en cuenta que en el pretérito, la misma palabra sirve para todas las personas, diferenciándose sólo en el sujeto. Ej. *I spoke* (yo hablé), *we spoke* (nosotros hablamos), etc. Sin embargo, en el verbo *to be* (ser o estar) se emplea *was* para las personas del singular y *were* para las del plural. Ej. *I was* (yo era o estaba, fui o estuve), *we were* (nosotros éramos o estábamos, fuímos o estuvimos) .

Cuando la frase se construye con el auxiliar *to do* es este el que se conjuga, quedando el verbo activo en el infinitivo. Ej. *Do you read*?, *does he read*?, *did you read*?, *did he read*? (¿lee usted?, ¿lee él?, ¿leyó usted ?, ¿leyó él?).

ADVERTENCIAS

Constrúyanse frases en pretérito y participio pasado con los verbos irregulares, combinándolos con el vocabulario conocido.

ADICIÓN A LA LECCIÓN VIII

La tienda

VOCABULARIO

Español	Inglés	Pronunciación
la tienda	the shop, the store	zdi shop, zdi stor
cliente	customer	cóstœmer
vendedor	salesman	séilsmaen
mostrador	counter	cáunter
escaparate	shop-window	shop-uíndou
caja registradora	cash-register	cash réyister
cajas	boxes	bóxes
paquete	package	pákesh
cajero	cashier	cásher
valor	worth	uórz
precio	price	práis
comprar	to buy	tu bái
vender	to sell	tu sel
regatear	to bargain	tu bárguein
caro	dear	díar
barato	cheap	chip
demasiado	too	tu
sastre	tailor	téilœr
zapatero	shoemaker	shuméikoer
costurera	dressmaker	dresméikoer
librero	bookseller	bukséler

Español	Inglés	Pronunciación
artículos	articles	ártikœls
lana	wool	ul
algodón	cotton	cóton
seda	silk	silk
paño	cloth	cloz
lino	linen	línen
terciopelo	velvet	vélvet
encaje	lace	léis
franela	flannel	flánel
felpa	plush	plœsh
raso	satín	sáten
claro	light	láit
oscuro	dark	dark
artículos de tocador	toilet articles	tóilet artikœls
jabón	soap	sóup
polvos	powder	páuder
esponja	sponge	sponsh
cepillo de dientes	tooth-brush	tuz-brœsh
cepillo de uñas	nail-brush	nél-brœsh
horquilla	hook	juk
alfiler	pin	pin
agujas	needles	nídœls
botones	buttons	bótons
hilo	thread	zred
cinta	ribbon	ríbon
joya	jewel	yúel

Español	Inglés	Pronunciación
medidas	measures	méshœrs
metro	metre	mítœr
yarda	yard	yard
pulgada	inch	inch
pesas	weights	uéits
libra	pound	páund
kilogramo	kilogram	kílogram
par	paír	péær

FRASEOLOGÍA

¿Qué precio tiene esto?
What is the price of this?
Juát is zdi práis of zdis?

Tenemos de todos los precios.
We have some of all prices.
Uí jav sœm of ol práises.

Muéstreme lo mejor que tenga.
Show me the best you have.
Shóu me zdi best yu jav.

¿Es esto lo mejor que tiene usted?
Is this the finest you have?
Is zdis sdi fáinest yu jav?

Lo encuentro muy caro.
I find it very dear.
Ai fáind it véri díar.

No tengo más que un precio.
I have but one price.
Ai jav bœt uán práis.

¿Puede usted dármelo por diez dólares?
Can you let me have it for ten dollars?
Can you let mi jav it for ten dólars?

No puedo venderlo por menos.
I cannot sell it for less.
Ai canot sel it for les.

Dividamos la diferencia.
Let us divide the difference.
Let œs diváid zdi díferens.

Mándemelo inmediatamente.
Send it to me immediately.
Send it tu mi immídietli.

Hágame la cuenta.
Make out my bill.
Méik áut mái bil.

Me ha cobrado usted demasiado.
You have charged me too much.
Yu jav cháryed mi tu mœch.

La cuenta no está bien.
The bill is not correct.
zDi bil is not corréct.

Hay un error.
There is a mistake.
zDéar is ei mistéik.

Liquidaré mañana.
I will settle tomorrow.
Ai uíl sétœl tumóro.

Tome esto a cuenta.
Take this on account.
Téik zdis on acáunt.

¿Qué más desea usted comprar?
What else do you wish to buy?
Juát els du yu uís to bái?

Nada más.
Nothing else, o that is all.
Nozing els, o zdat is ol.

¿Qué desea usted, señor?
What do you wish, Sir?
Juát du yu uís, sœr?

Quiero una camisa y una corbata.
I want a shirt and a neck-tie.
Ai uónt ei shœrt and ei nektái.

Esto es demasiado caro, quiero algo más barato.
This is too dear, I want something cheaper.
zDis is tu díar, ái uónt sœmzing chíper.

Observaciones: Para designar las diversas tiendas, como zapatería, peluquería, librería, etc., se dice *shoemaker's shop, hairdresser's shop, bookseller's shop*, es decir, tienda del zapatero, del peluquero, del librero, etc. A veces se usa solamente *shoemaker's* sin la palabra *shop*.

Para decir *quiero comprar pan*, se dice *I want to buy some bread*. La palabra *some* significa algo de, y se emplea en todos los casos en que no se precisa la cantidad y en los cuales la frase española se construye sin artículo.

LECCION IX

Adverbio

VOCABULARIO

Español	Inglés	Pronunciación
ahora	now	náu
siempre	always	ólues
nunca	never	néver
antes	before	bífœr
después	after	áftœr
pronto	soon	sun
tarde	late	léit
temprano	early	œrli
a menudo	often	ófen
entonces	then	zden
ya	already	olrédi
todavía	yet	yet
cuándo	when	juén
a veces	sometimes	soemtaims
mientras	while	juáil
otra vez	again	eguéin
hoy	today	tudéi
ayer	yesterday	yésterdei

Español	Inglés	Pronunciación
mañana	tomorrow	tumóro
aquí	here	jíar
allí	there	zdéar
dónde	where	juéar
cerca	near	níar
lejos	far	far
dentro	within	uidín
fuera	outside	autsáid
debajo	under	ónder
encima	on, over	on, over
alrededor	around	aráund
en alguna parte	somewhere	soemjuear
en cualquier parte	anywhere	énijueaer
en ninguna parte	nowhere	nójueær
detrás	behind	bijáin
delante	before	bifóar
mucho	much	mœch
poco	little	lítœl
muchos	many	méni
pocos	few	fiú
cuánto	how much	jáu mœch
cuántos	how many	jáu méni
demasiado	too much	tu mœch
demasiados	too many	tu méni
más	more	móar
menos	less	les
bastante	enough	inóf

Español	Inglés	Pronunciación
casi	almost	ólmost
al menos	at least	at líst
bien	well	uél
mal	badly	badli
fácilmente	easily	ísili
sólo	only	ónli
sí	yes	yes
no	not, no	not, nóu
seguramente	surely	shúarli
seguro	sure	shúar
ciertamente	certainly	sértenli
de veras	indeed	indíd
de ningún modo	not at all	not al ol
quizá	perhaps	perjáps
probablemente	probably	próbabli
así	thus	zdœs
tan	so	so
como	as	as
de otro modo	otherwise	oderuáis
completamente	quite	kuáit
en seguida	at once	at uáns
ahora mismo	just now	yœst náu
mejor	better	bétœr
peor	worse	uórs
muy	very	véri
una vez	once	uáns
dos veces	twice	tuáis
tres veces	three times	zrí táims

FRASEOLOGÍA

Usted estaba enfermo ayer, pero hoy está bien.
You were sick yesterday, but you are well today.
Yu uéar sik yésterdei, bœt yu ar uél tudéi.

María rompió el espejo que compré la semana pasada.
Mary broke the looking-glass which I bought last week.
Méri bróuk zdi lúking-glass juích ái bot last uík.

Tengo un pensamiento muy útil, que es enseñar el inglés
    fácilmente.
I have a very useful thought, that is to teach the English
    language easily.
Ai jav ei véri iúsful zot, zdat is tu tich zdi ínglish lángüish ísili

¿Vino mi hijo hoy?
Did my son come today?
Did mái son com tudéi?

No vino todavía, vendrá mañana.
He did not come yet, he will come tomorrow.
Ji did not com yet, ji uíl com tumóro.

¿Cuántas veces ha estado usted con mis amigos?
How many times have you been with my friends?
Jáu méni táims jav yu bin uíz mái frends?

Sólo dos veces.
Only twice.
Onli tuáis.

¿Cuántas veces va usted al mercado?
How often do you go to market?
Jáu ofen du yu góu tu márket?

Voy una vez por semana.
I go once every weck.
Ai góu uáns éveri uík.

¿Sabe usted quién escribe mejor que yo?
Do you know who writes better than I do?
Du yu nóu ju ráits bétœr zdan ái du?

Cualquiera escribe mejor que usted.
Anyone writes better than you do.
Eniuán ráits bétœr zdan yu du.

¿Qué ha estudiado usted?
What have you studied?
Juát jav yu stódit?

He estudiado obras muy buenas.
I have studied very good works.
Ai jav stódit véri gud uórks.

¿Qué hacía mi hija cuando yo estaba en el campo?
What did my daughter do when I was in the country?
Juát did mái dótœr du juén ái uós in zdi cœntri?

Ella leía durante el día y por la noche iba al teatro.
She read during the day and went to the theatre in the
    evening.
Shi red diúring zdi déi and uént tu zdi zíatœr in zdiívning.

¿Qué hizo usted anoche?
What did you do last night?
Juát did yu du last náit?

He estado leyendo un libro muy bonito.
I have been reading a very pretty book.
Ai jav bin ríding ei véri príti buk.

La muchacha suele venir temprano a la escuela.
The girl uses to come early to school.
zDi guérl iúses tu com érli tu skul.

El muchacho viene siempre tarde.
The boy comes always late.
zDi bói coms ólues léit.

Nunca he oído semejante cosa.
I never heard of such a thing.
Ai never jerd of sœch ei zing.

ADVERTENCIAS

1. Fórmense frases combinando pronombres, verbos y adverbios con el vocabulario conocido.
2. Téngase en cuenta que muchos adverbios de modo que en español se forman con la terminación *mente* se construyen en inglés añadiendo a los adjetivos la terminación *ly*, como *badly*, malamente, de *bad*, malo; *hardly*, duramente, de *hard*, duro.

ADICIÓN A LA LECCIÓN IX

Diversiones

VOCABULARIO

Español	Inglés	Pronunciación
diversiones	amusements	amiúsmænts
divertirse	to amuse	tu amiús
teatro	theatre	zíatœr
función	play	pléi
escena	scene	sin
escenario	scenery	síneri
telón	curtain	córten
cartel	playbill	pléibil
reparto	cast	cast
entrada (boleto)	ticket	tíket
taquilla	ticketoffice	tíket-ófis
vestíbulo	lobby	lóbi
palco	box	box
asiento	seat	sit
representación	performance	perfórmans
primera tanda	first turn	fœrst tœrn
acomodador	usher	œshœr
cine	movies, motion picture	múvis, móshion píkchœr
película	film	film
cantante	singer	sínguer

117

Español	Inglés	Pronunciación
caracterización	makeup	méik-op
público	audience	ódiens
balón, pelota	ball	bol
baile de máscaras	masked dance	másket-dens
circo	circus	sércœs
juego de billar	billiards	bíllards
juego de damas	drawghts	drafts
tablero de damas	draughtboard	draft-bord
juego de ajedrez	chess	ches
tablero de ajedrez	chess-board	ches-bord
dados	dice	dáis
carreras de caballos	horce races	jors réises
música	music	miúsic
concierto	concert	cónsert
piano	piano	piano
violín	violin	váiolin
gustar	to like	tu láik

FRASEOLOGIA

¿Quiere usted ir al teatro esta noche?
Do you wish to go to the theatre tonight?
Du yu uís to góu tu zdi zíatœr tunáit?

Sí, me gusta mucho.
Yes, I like it very much.
Yes, ái láik it véri mœch.

¿A qué hora empieza la representación?
At what time does the performance begin?
At juát táim daes zdi perfórmans biguín?

La primera tanda comienza a las ocho.
First turn begins at eight o'clock.
Fœrst toern biguíns at éit oclock.

¿Ha visto usted el cartel?
Did you see the playbill?
Did yu si zdi pléibil?

Sí, y hay un reparto muy bueno.
Yes, and there is a very good cast.
Yes, and zdéar is ei véri gud cast.

¿Va usted a menudo al teatro?
Do you go often to the theatre?
Du yu góu ófen tu zdi zíatœr?

Sí, amo las buenas obras y la buena música.
Yes, I love good plays and good music.
Yes, ái lov gud piéis and gud miúsic.

Podemos ir al cine si usted quiere.
We can go to the movies if you wish.
Uí can góu tu zdi múvis if yu uísh.

¿Le gustan las carreras de caballos?
Do you like horce races?
Du yu láik jors réises?

Prefiero jugar al billar.
I prefer to play billiards.
Ai préfer tu pléi bíllards.

Podemos ir al baile.
We can go to the ball.
Uí can góu tu zdi bol.

A mí no me gusta bailar.
I don't like to dance.
Ai dont láik tu dans.

¿A dónde vamos para oír un buen concierto?
Where do we go to hear a good concert?
Juéar du uí góu to jíar ei gud cónsert?

Podemos ir a ese teatro.
We can go to that theatre.
Uí can góu tu zdat zíatœr.

Observaciones: Debe ponerse cuidado al construir las frases con el verbo *to like* (gustar). La persona o cosa a que se refiera debe ir siempre detrás del verbo, y nunca delante, como ocurre a veces en español. Para decir *este libro me gusta*, se dice: *I like this book*. Si se dijera *this book likes me*, querría decir *yo le gusto a este libro*.

El artículo se suprime muchas veces delante del substantivo cuando este tiene un carácter general. Ej. *Me gusta la música, I like music*.

LECCIÓN X

Preposición

VOCABULARIO

Español	Inglés	Pronunciación
en	in	in
en, a	at	at
en, dentro	into	íntu
sobre	on upon above over	on œpón abóv over
debajo de	beneath	biníz
bajo	under underneath below	ónder œnderniz bílou
delante de	before	bifóœr
detrás	behind	bijáind
abajo	down	dáun
arriba	up	œp
de	of	of
de, desde	from	from
desde que	since	sins
a, para, basta	to	tu

Español	Inglés	Pronunciación
por	by	bái
por, para	for	for
entre	between among, amongst	bituín among, amongst
después	after	áftœr
contra	against	eguéinst
fuera de	out	áut
fuera	off	of
dentro de	within	uidín
sin, fuera	without	uidáut
hacia	towards	tóards
hasta	till, until	til, œntíl
con	with	uíz
acerca de	about	abáut
alrededor	around	aráund
más allá	beyond	biyón
durante	during	diúrin
excepto	except	exsépt
tocante a	concerning regarding	consérnin rigárdin
conforme a	according	acórdin
junto a	by	bái
en lugar de	instead of	instéd of
a lo largo	along	alóng
a través	across	acrós
a través, por	through	zrú

Observaciones: Se advertirá que para la misma preposición española se emplean a veces en inglés diferentes vocablos.

Sobre este particular pueden hacerse las siguientes observaciones:

1. Para *en* se emplea *in* en la mayoría de los casos y expresa tiempo o lugar. Ej. *She is in the street* (ella está en la calle). Se usa *at* en la expresión *en casa*. Ej. *He was at home* (él estaba en casa). Se emplea *into* para indicar *dentro*. Ej. *I go into the shop* (yo entro en la tienda).

2. Para *sobre* se emplea *on* o *upon* cuando existe contacto, y *above* cuando no lo hay. Ej. *The book is on* (o *upon*) *the table* (el libro está sobre la mesa); *the lamp is above us* (la lámpara está sobre nosotros). Se emplea *over* en algunos casos, como con el verbo *to jump* (saltar). Ej. *I jump over the table* (yo salto sobre la mesa o por encima de la mesa).

3. Para *entre* se emplea *between* cuando se indica la posición entre dos personas u objetos, y *amongst* cuando equivale a hallarse mezclado entre varias personas u objetos. Ej. *The pen is between the book and the pencil* (la pluma está entre el libro y el lápiz); *your letter is amongst my papers* (su carta está entre mis papeles).

4. Para *bajo* o *debajo de* se emplean *under* y *underneath* en sentido opuesto a *on* y *upon*, y *below* o *beneath*, en el sentido opuesto a *above*.

5. Para *por* se emplea generalmente *for*, que significa también *para*. Ej. *I send for some sugar* (yo mando por azúcar); *this is for you* (esto es para usted). Se emplea *by* en el sentido de causa o agente, por lo general en la forma pasiva. Ej. *This letter was written by me* (esta carta fue escrita por mí).

6. Para *de* se emplea por regla general *of*. Se usa *from* en sentido de procedencia. Ej. *The paper of the book* (el

papel del libro); *she comes from the shop* (ella viene de la tienda).

LA PREPOSICIÓN Y EL VERBO

En inglés, las preposiciones modifican a veces a los verbos y alteran su significado. Los casos más importantes son los siguientes:

To go (tu góu)	ir
to go on	proseguir
to go off	irse
to go in	entrar
to go by	pasar cerca
to go up	subir
to go down	bajar
to go away	marcharse
To take (tu téik)	tomar
to take to	llevar a
to take from	tomar algo de
to take away	llevarse
to take off	quitar
To come (tu com)	venir
to come in	entrar
to come by	aproximarse
to come up	subir
to come down	bajar

FRASEOLOGÍA

¿Quiere usted enviar por azúcar?
Will you send for some sugar?
Uíl yu send for soem shúgar?

¿Tiene usted muchos sombreros en su tienda?
Have you many hats in your shop?
Jav yu méni jæts in yúar shop?

¿De dónde viene usted?
Where do you come from?
Juéar du yu com from?

Estos libros pertenecen a mi padre.
These books belong to my father.
zDis buks bilóng tu mái fádœr.

No puedo decirle todo lo que sé acerca de mi negocio.
I cannot tell you all I know about my business.
Ai cánot tel yu ol ái nóu abáut mái bísnes.

No tengo tiempo que perder.
I have no time to lose.
Ai jav nóu táim tu lus.

Espera hasta que volvamos.
Wait till we return.
Uéit til uí ritórn.

¿Desde cuándo se ha sentido usted indispuesto?
Since when have you felt indisposed?
Sins juén jav you felt indispóused?

¿Qué distancia hay de aquí a Key West?
How far is it from here to Key West?
Jáu far is it from jíar tu Ki Uést?

Unas cien millas.
About one hundred miles.
Abaut uán jœndred máils.

Estuvo trabajando durante la vida de su padre.
He was working during his father's life.
Ji uós uórking diúring jis fádœrs láif.

Dentro de tres días iré a verlos.
I shall go to see you within three days.
Ai shal góu tu si yu uidín zrí déis.

¿Es cierto que está usted enojado conmigo?
Is it true you are angry with me?
Is it tru yu ar ángri uíz mi?

No, no estoy enojado con usted.
No, I am not angry with you.
Nóu , ái am nol ángri uíz yu.

El dinero sin salud es enteramente inútil al hombre.
Money without health is entirely useless to man.
Móni uidáut jelz is entáierli iúsles tu mæn.

Nosotros ponemos los libros en la mesa.
We put the books on the table.
Uí pul zdi buks on zdi téibœl.

Usted envía una carta a su hermano.
You send a letter to your brother.
Yu send ei létœr tu yúar bródœr.

ADICIÓN A LA LECCIÓN X

Los viajes

VOCABULARIO

Español	Inglés	Pronunciación
viaje	travel, trip	trável , trip
viajar	to travel	tu trável
viajero	traveler	tráveler
ferrocarril	railroad	réilroud
estación	station	stéishon
equipaje	baggage	bágæsh
vagón	car	car
partir	to leave	tu liv
pasajero	passenger	pásenyœr
andén	platform	plátform
mozo	porter	pórtœr
maleta	suitcase, valise	súitkeis, valis
baúl	trunk	trœnk
billete	ticket	tíket
propina	tip	tip
vía	track	trak
tren	train	tréin
mar	sea	si
barco	ship	ship
vapor	steamer	stímœr
camarote	cabin	cábin

Español	Inglés	Pronunciación
muelle	dock	dok
cubierta	deck	dek
líneas aéreas	airways, airlines	éarueis, éarláins
aeroplano	aeroplane	aeropléin
aviador	aviator	aviéitor
motor	motor	mótœr
velocidad	speed	spid
aduana	custom house	cóstom jáus
declarar	to declare	tu dícler
examinar	to examine	tu exámin
buscar	to search	tu serch
derechos	duties	diútis
puerto	harbor	járbor
lancha	boat	bóut
tierra	land	land
marinero	sailor	séilor
ancla	anchor	áncor
naufragar	to wreck	tu rek
naufragio	wreck, shipwreck	rek, shíprek
mareo	seasickness	sísiknis
marearse	to get sea-sick	tu get sísik
máquina	engine	ényin

FRASEOLOGÍA

¿A qué hora parte el tren?
At what time does the train leave?
At juát táim dœs zdi tréin liv?

128

Sale a las seis y media.
It leaves at a half past six.
It livs at ei jaf past six.

¿Ha preparado usted su equipaje?
Have you prepared your baggage?
Jav yu prepéired yúar bágæsh?

Sí, está listo, podemos ir a la estación.
Yes, it is ready, we can go to the station.
Yes, it is rédi, uí can góu tu zdi stéishon.

En el andén hay muchos pasajeros.
There are many passengers in the platform.
zDéar ar méni pásenyœrs in zdi plátform.

¿Le gusta a usted viajar?
Do you like to travel?
Du yu láik tu trável?

Sí, me gusta muchísimo.
Yes, I like it very much.
Yes, ái láik it véri mœch.

Me gustaría hacer un largo viaje en un vapor.
I should like to make a long trip in a steamer.
Ai shud láik tu méik ei long trip in ei stímer.

Bajemos al camarote.
Let us go down into the cabin.
Let oes góu dáun íntu zdi cábin.

Vayamos sobre cubierta.
Let us go on deck.
Let oes góu on dek.

¿Oye usted el ruido de la máquina?
Do you hear the noise of the engine?
Du yu jíar zdi nóis of zdi enyín?

No me siento muy bien.
I do not feel quite well.
Ai du not fil kuáit uél.

¿Se marea usted durante el viaje?
Do you get seasickness during the trip?
Du yu get sísiknis diúring zdi trip?

De ningún modo, yo no me mareo nunca.
Not at all, I never get seasickness.
Not at ol, ái néver get sísiknis.

Algunas personas son propensas a marearse.
Some persons are apt to get seasickness.
Som pérsons ar apt tu get sísiknis.

Este es mi primer viaje.
This is my first travel.
zDis is mái fœrst trável.

Ya estamos en el puerto.
We are already in the harbor.
Uí ar olrédi in zdi járbor.

El barco está anclado.
The ship is at anchor.
zDi ship is at ancor.

A muchas personas les gusta viajar en aeroplano.
Many people like to travel in an aeroplane.
Méni pípœl láik tu trável in an aeropléin.

Tan pronto como pueda, trataré de viajar en aeroplano.
As soon as I can, I will try to travel in an aeroplane.
As sun as ái can, ái uil trái tu trável in an aeropléin.

¿Dónde está la aduana?
Where is the custom-house?
Juéar is zdi cóstom-jáus?

La aduana no está lejos de aquí, es aquel edificio.
The custom-house is not far from here, it is that building.
zDi cóstom-jáus is not far from jíar, it is zdat bílding.

¿Dónde está nuestro equipaje?
Where is our baggage?
Juéar is áur bágæsh?

Está en el muelle.
It is on the dock.
It is on zdi dok.

¿Trae usted artículos que paguen derechos?
Do you bring any articles that must pay duties?
Du yu bring éni ártikœls zdat mœst péi díutis?

Puede usted registrar mi baúl.
You can register my trunk.
Yu can register mái trœnk.

LECCIÓN XI

Conjunción

VOCABULARIO

Español	Inglés	Pronunciación
y	and	and
como	as	as
tanto como	both	boz
porque	because	bicós
que	that than	zdat zdan
entonces	then	zden
aún, siquiera	even	íven
pues	for	for
puesto que	since	sins
por lo tanto	therefore	zdéarfoar
si	if	if
así	so	so
pero, sino	but	bœt
o	or either	or ídœr
ni	nor	nor
ni, tampoco	neither	nídœr

Español	Inglés	Pronunciación
aunque	though, although	zdóu, oldóu
a menos que	unless	œnles
si, sea que	whether	juédœr
sin embargo	however nevertheless notwithstanding yet	jáuever neverdilés notuidstándin yet
a no ser que	lest	lest
con tal que	provided	prováided
a menos que	save	séiv
mientras que	whereas	juéaras
siempre que	whenever	juénever
dondequiera que	wherever	juearéver
así como	as well as	as uél as
sea como fuera	at any rale	al éni réit
apenas	scarcely	skérseli
mientras	whilst while	juíls juáil

Observaciones: Para algunas conjunciones se emplean vocablos que en otros casos pueden desempeñar funciones de adverbio, de preposición o de adjetivo.

Por ejemplo, *for* es conjunción cuando equivale a *pues* y *porque*, y es preposición cuando significa *por* o *para*. *Then* es adverbio cuando significa *entonces*, y conjunción cuando significa *pues*. *Both* es adjetivo cuando se traduce por ambos y conjunción cuando se traduce por *tanto éste como aquél*.

La conjunción *but* significa *pero, mas, sino* y *no más que*. Ej. *I wish to read, but I have not my book* (yo deseo leer, pero no tengo mi libro); *this is not my pen, but yours* (esto no es mi pluma, sino la suya; *it is but five o'clock* (no son más que las cinco).

Either y *neither* son conjunciones correlativas o correspondientes. La primera se combina con *or* y la segunda con *nor*. Ej. *Either this or that* (o esto o aquello); *neither this not that* (ni esto ni aquello) .

Than (que) se emplea como el segundo término para formar los comparativos, y *that* (que) se usa en combinación con la conjunción correlativa *so* (tan). Ej. *The pencil is longer than the pen* (el lápiz es más largo que la pluma); *the lamp is so high that I can not touch it* (la lámpara está tan alta que yo no puedo tocarla).

FRASEOLOGÍA

Quisiera conseguir azúcar y leche, aunque no tengo dinero.

I should like to get some sugar and milk though I have no money.

Ai shud láik tu get som shúgar and milk, zdóu ái jav nóu móni.

No sé si él comerá conmigo o con usted.

I do not know whether he will dine with me or with you.

Ai du not nóu juédœr ji uil dáin uíz mi or uíz yu.

No voy a casa porque estoy ocupado ahora.

I do not go home because I am busy at present.

Ai du not góu jóum bicós ái am bísi at présent.

Juan trabajará esta mañana con tal de que usted le pague
  bien.
John will work this morning provided you pay him well.
Yon uíl wœrk zdis mórning prováided yu péid jim uél.

Eso sucedió mientras yo estuve fuera.
That happened while I was out.
zDat jápenet juáil ái uós áut.

Ven tan pronto como sea posible.
Come as soon as possible.
Com as sun as pósibœl.

Aunque yo fuese, apenas podría remediarlo.
Although I should go, scarcely I could help it.
Oldóu ái shud góu, skérseli ái cud jelp it.

Debo hacerlo hoy o mañana.
I must do it today or tomorrow.
Ai mœst du it tudéi or tumóro.

Tenga cuidado porque puede caerse.
Take care because you can fall.
Téik kéar bicós yu can fol.

Si usted habla de prisa, yo no le comprendo.
If you speak fast I don't understand you.
If you spik fast ái dont œnderstánd yu.

Usted habla tan bajo, que yo no le oigo.
You speak so softly that I don't hear you.
Yu spik so sóftli zdat ái dont jíar yu.

Yo hablo inglés mejor que usted.
I speak English better than you.
Ai spik ínglish béter zdan yu.

Tengo sed; sin embargo, no puedo beber.
I am thirsty; however, I cannot drink.
Ai am zérsti, jáuever ái cannot drink.

A menos que esté enferma, ella debe venir.
Unless she is ill, she must come.
Onles shi is il, shi mœst com.

Sea como fuera, debes encontrarlo.
At any rate you must find it.
At éni réit yu mœt fáind it.

ADICIÓN A LA LECCIÓN XI

El médico y las enfermedades

VOCABULARIO

Español	Inglés	Pronunciación
doctor	doctor	dóctor
médico	physician	fisíshan
enfermedad	illness	ílnes
	disease	disís
enfermo	sick	sik
enfermo, malo	ill	il

Español	Inglés	Pronunciación
salud	health	jelz
sano	healthy	jélzi
sentir, sentirse	to feel	tu fil
herida de bala	wound	und
sangre	blood	blœd
pulso	pulse	pœls
fiebre	fever	fíver
paciente	patient	péshent
dolor	ache	ek
dolor, sufrimiento	pain	pein
vientre	abdomen	abdómen
estómago	stomach	stómak
anemia	anemia	anímia
cáncer	cancer	cánsœr
tisis	consumption	consómshon
tos	cough	cof
toser	to cough	tu cof
diabetes	diabetes	daiabítis
difteria	diphteria	difzíria
tosferina	hooping cough	júping cof
escarlatina	scarlet fever	scárlet fiver
sarampión	measles	mísles
viruela	smallpox	smolpóx
tifoidea	typhoid	táifoid
vacunación	vaccination	vacsinéishon
gripe	influenza, flu	inflúensa, floe
pulmonía	pneumonia	niumónia
reumatismo	rheumatism	rúmatism

Español	Inglés	Pronunciación
apendicitis	appendicitis	apendisítis
apoplejía	apoplexy	apóplexi
estreñimiento	constipation	constipéishon
resfriado	cold	cóuld
nerviosidad	nervousness	nérvœnes
quemadura	bum	bœrn
cicatriz	scar	scar
golpe	blow	blo
diarrea	diarrhea	daiarría
envenenamiento	poisoning	póisoning
hinchazón	swelling	suéling
vahído	giddiness	guídines
granos	pimples	pímpœls
escalofrío	shivering	shívering
indigestión	indigestion	indiyésshon
ceguera	blindness	bláindnes
miopía	short-sightedness	short-sáitednes
sordera	deafness	défnes
mudez	dumhness	domnes
locura	madness	mádnes
loco	mad	mad
dolor de muelas	teethache	tizék
dolor de cabeza	headache	jédek
dolor de garganta	sore throat	sóar zrot
dolor de oídos	earache	íarek
farmacia	drugstore	drœg stór
receta	prescription	prescrípshon
medicina	medicine	médisin

Español	Inglés	Pronunciación
píldora	pill	pil
algodón	cotton	cóton
alcohol	alcohol	álcojol
yodo	iodine	áiodin
éter	ether	ízer
inyección	inyection	inyécshon
purga	purge	pœrsh
quinina	quinine	quáinain
aceite de ricino	castor oil	cástor óil
botella	bottle	bótœl
frasco	flask	flask
cucharada	spoonful	spúnful
cucharadita	teaspoonful	tispunful
débil	weak	uík
fuerte	strong	strong
grave	serious	sírices
temperatura	temperature	témpœratiur
peligroso	dangerous	dényerous
¿qué le duele?	what ails you?	juát éils yu?

FRASEOLOGIA

Doctor, me siento muy mal.
Doctor, I feel very sick.
Dóctor, ái fil véri sik.

¿Qué le sucede?
What is the matter with you?
Juát is zdi mátrer uíz yu?

140

Enséñeme la lengua.
Show me your tongue.
Shou mi yúar tong.

Déjeme tomarle el pulso.
Let me feel your pulse.
Let mi fil yúar pœls.

Incorpórese en la cama.
Sit up on the bed.
Sit œp on zdi bed.

¿Le duele la cabeza?
Does your head ache?
Daes yúar jed ek?

Me duele terriblemente la cabeza.
My head aches dreadfully.
Mái jed eks drédfuli.

Usted tiene fiebre y necesita una purga.
You have fever and you need a purge.
Yu jav fíver and yu nid éi pœrsh.

Me duele la garganta.
I have a pain in my throat.
Ai jav ei péin in mái zrot.

¿Le duele el pecho?
Have you any pain in your chest?
Jav yu éni péin in yúar chest?

Me siento muy débil y apenas puedo tenerme en pie.
I feel very weak and I can scarcely stand on my legs.
Ai fil véri uík and ái can scárseli stand on mái legs.

¿Cuánto tiempo hace que está enfermo?
How long have you been ill?
Jáu long jav yu bin il?

Desde el lunes pasado.
Since last Monday.
Sins last móndei.

¿Siente usted la boca amarga?
Have you a bitter taste in your mouth?
Jav yu ei bíter téist in yúar máuz?

No, pero no duermo bien.
No, but I don't sleep well.
Nóu, bœt ái dont slip uél.

Eso no es grave, es un catarro.
That is not serious, it is a cold.
zDat is not síriœs, it is ei cóuld.

Respiro con dificultad.
I breathe with difficulty.
Ai briz uíz difícolti.

Debe usted enviar esta receta a la farmacia.
You must send this prescription to the drugstore.
Yu mœst send zdis prescrípshon tu zdi drœgstór.

¿Cuántas veces debo tomar las píldoras?
How many times must I take the pills?
Jáu méni táims mœst ái téik zdi pils?

Dos píldoras cada hora.
Two pills every hour.
Tu pils éveri áuar.

¿Y las cucharadas?
And the spoonfuls?
And zdi spúnfuls?

Sólo una por la mañana.
Only one in the morning.
Onli uán in zdi mórning.

¿Cuándo volverá usted?
When do you will come back?
Juén du yu uíl coro bæk?

Volveré mañana por la mañana.
I shall come back tomorrow morning.
Ai shal com bæk tumóro mórning.

LECCIÓN XII

Interjección y modismos

VOCABULARIO

Español	Inglés	Pronunciación
¡ah!	ah!	a!
¡ay!	alas!	alás!
¡ánimo!	cheer up!	chíar œp!
¡hola!	hello!	jaló!
¡viva!	hurrah!	jurrá!
¡fuera!	away!	auéi!
¡cuidado!	beware!	biuéar!
¡fuera de aquí !	get out!	guet áut!
¡qué escándalo!	shocking!	shókin!
¡adelante!	go on!	góu on!
¡mire!	look here!	luk jíar!
¡bienvenido!	welcome!	uélcom!
¡de veras!, ¡cierto!	indeed!	indíd!
¡cielos!	heavens!	jévens!
¡horrible!	awful!	óful!
¡no importa!	never mind!	néver máind!
¡paciencia!	patience!	péishens!
¡cállese!	shut up!	shœt œp!

Español	Inglés	Pronunciación
¡qué disparate!,	nonsense!	nónsens!
¡tonterías! ¡caray!	why!	juái!
iqué lástima!	what a pity!	juát ei píti!
¡por Dios!	for God's sake!	for Gods séik!
¡maldito seas!	curse you!	cœrs yu!
¡silencio!	silence!	sáilens!
¡qué feliz soy!	how happy I am!	jáu jápi ái am!
le felicito	I congratulate you	ái congratuléit yu
lo siento mucho	I am very sorry	ái am véri sórri
dése prisa	hurry up	jórri œp
venga	come on	com on
entre	come in	com in
¿qué quiere usted decir?	what do you mean?	juát du yu min?
usted tiene razón	you are right	yu ar ráit
usted está equivocado	you are wrong	yu ar rong
¿qué le pasa a usted?	what is the matter with you?	juát is zdi máter uíz yu?
un día sí y otro no	every other day	éveri odœr déi
todos los días	every day	éveri déi
todo el día	the whole day	zdi jóul déi
para siempre	for ever	for éver
y así sucesivamente	and so forth	and so forz
es decir	that is to say	zdat is tu séi
está bien, efectivamente, de acuerdo	all right	ol ráit
una y otra vez	again and again	eguéin and eguéin
de ningún modo	by no means	bái nóu mins

Español	Inglés	Pronunciación
hace mucho tiempo	long ago	long agóu
a usted no le importa	none of your business	noun of yúar bísnes
tanto mejor	so much better	so mœch béter
de buena gana	very willingly	véri uílingli
gracias, muchas gracias	thank you, many thanks	zank yu, méni zanks
no hay de qué	don't mention it	dont ménshon it

FRASEOLOGÍA

¡Hola!, amigo mío, ¿cómo está usted?
Hello!, my friend, how are you?
Jeló!, mái frend, jáu ar yu?

¡Caray!, me alegro de verle.
Why!, I am glad to see you.
Juái!, ái am glad tu si yu.

Esta joven es muy hermosa, ¡de veras!
This young lady is very beautiful, indeed!
zDis yœng léidi is véri biútiful, indíd!

He perdido mi pluma de oro, ¡qué lástima!
I have lost my gold pen, what a pity !
Ai jav lost mái góuld pen, juát ei píti !

¡Por Dios! Venga en seguida.
For God's sake! Come on at once.
For Gods séik! Com on at uáns.

¡Silencio! ¡Cállese! Estoy leyendo.
Silence! Shut up! I am reading.
Sáilens! Shœt œp! Ai am ríding.

¡Qué feliz soy! He recibido buenas noticias.
How happy I am! I have received good news.
Jáu jápi ái am! Ai jav ricíved gud niús.

Le felicito, ha aprendido usted el inglés rápidamente.
I congratulate you, you have learned English language
    very quickly.
Ai congratiuléit yu, yu jav lœrned ínglish lángüish véri kúicli.

Dése prisa, es muy tarde.
Hurry up, it is very late.
Jœrri œp, it is véri léit.

No importa, podemos tomar un coche.
Never mind, we can take a car.
Néver máind, uí can téik ei car.

Perfectamente, ya es hora de partir.
All right, it is time to leave.
Ol ráit, it is táim tu liv.

¿Qué le sucede? No tiene usted buen aspecto.
What is the matter with you? You don't look well*
Juát is zdi mátœr uíz yu? Yu dont luk uél.

---

* Esta frase se construye con el verbo *to look* (parecer, mirar).
Literalmente significa: "Usted no parece bien."

Me siento enfermo un día sí y otro no.
I feel ill every other day.
Ai fil il éveri odœr déi.

Lo siento mucho. Debe usted ver a un médico.
I am very sorry. You must go to see a physician.
Ai am véri sórri. Yu mœst góu tu si ei fisíshan.

¿Quiere usted hacerme un favor?
Will you do me a favor?
Uíl yu du mi ei fávour?

Con mucho gusto. Estoy a su disposición.
Very willingly. I am at your service.
Véri uílingli. Ai am at yúar sérvis.

Es usted muy amable. Muchas gracias.
You are very kind. Many thanks.
Yu ar véri káind. Méni zanks.

No hay de qué.
Don't mention it.
Dont ménshon it.

Dice que no tiene tiempo para estudiar. ¡Tonterías!
He says he has not time to study. Nonsense!
Ji ses ji jás nóu táim tu stúdi. Nónsens!

¿Qué quiere usted decir? Se equivoca usted.
What do you mean? You are wrong.
Juát du yu min? Yu ar rong.

Observaciones: Cuando las expresiones de asombro,
admiración, etc., constan solamente de un substantivo o

de un substantivo y un adjetivo, éstos van precedidos del artículo *a* (un, una) y de *what* (qué). Ej. *what a wonderful idea!* (¡qué maravillosa idea!). Si la frase se construye con un verbo no se emplea el artículo *a* y se usa delante *how*, que en este caso equivale a cuán. Ej. *how happy I am!* (¡qué feliz soy!).

ADICIÓN A LA LECCIÓN XII

Los animales

VOCABULARIO

Español	Inglés	Pronunciación
animal	animal	ánimal
cuadrúpedos	quadrupeds	cuádrupeds
animales domésticos	domestic animals	doméstic ánimals
caballo	horse	jors
asno	ass	as
burro	donkey	dónki
mula	mule	miúl
yegua	mare	méær
perro	dog	dog
gato	cat	cæt
gatito	kitten	kíten
vaca	cow	cáu
ternero	calf	caf
buey	ox	ox

Español	Inglés	Pronunciación
toro	bull	bul
cerdo	pig	pig
cabra	goat	góut
oveja	sheep	ship
cordero	lamb	lam
conejo	rabbit	rábit
liebre	hare	jéar
ratón	mouse	máus
ratones	mice	máis
rata	rat	rat
ardilla	squirrel	skuœrrel
ciervo	deer	díar
animales salvajes	wild animals	uáild ánimals
león	lion	láion
tigre	tiger	táigœr
hiena	hyena	jaína
leopardo	leopard	lépard
zorra	fox	fox
lobo	wolf	ulf
oso	bear	béar
camello	camel	cámel
elefante	elephant	élefant
mono	monkey, ape	mónki, éip
jabalí	boar	bor
anfibio	amphibious	anfíbiœs
cocodrilo	crocodile	crócodail
caimán	alligator	áligueitor

Español	Inglés	Pronunciación
tortuga	turtle	tœrtœl
rana	frog	frog
sapo	toad	tod
insectos	insects	ínsects
mosca	fly	flái
mosquito	mosquito, gnat	mosquito, nat
mariposa	butterfly	bœtœrflai
abeja	bee	bi
hormiga	ant	ant
araña	spider	spáidœr
avispa	wasp	uásp
pulga	flea	fli
chinche	bug	bœg
piojo	louse	láus
piojos	lice	láis
cucaracha	roach	róuch
grillo	cricket	críket
gusano	worm	uórm
gusano de seda	silkworm	silkuórm
pájaros	birds	bœrds
aves	fowls	fáuls
aves de corral	poultry	páultri
gallina	hen	jen
pollo	chicken	chíken
gallo	cock, rooster	cok, rústœr
pato	duck	dœk
pavo	turkey	tœrkei
ganso	goose	gus

Español	Inglés	Pronunciación
gansos	geese	guis
paloma	dove	dóuv
pichón	pigeon	píyon
pavo real	peacock	pícok
perdiz	partridge	pártrish
codorniz	quail	kuéil
faisán	pheasant	físant
cigüeña	stork	stork
loro, cotorra	parrot	párrot
golondrina	swallow	suálou
gorrión	sparrow	spárou
ruiseñor	nightingale	náitinguéil
jilguero	goldfinch	góuldfinch
mirlo	blackbird	blákbœrd
canario	canary	canéri
tordo	starling	stárling
lechuza	owl	ául
murciélago	bat	bat
halcón	hawk	jok
buitre	vulture	vœlchœr
cuervo	raven	réven
águila	eagle	ígœl
reptil	reptile	réptil
serpiente	snake	snéik
víbora	viper	váipœr
peces	fishes	físhes
bacalao	codfish	códfish
salmón	salmon	sálmun

Español	Inglés	Pronunciación
sardina	sardine	sardín
arenque	herring	jérring
lenguado	sole	sóul
anguila	eel	il
anchoa	anchovy	ánchouvi
ballena	whale	juéil
tiburón	shark	shark
delfín	dolphin	dólfin
mariscos	shellfishes	shelfíshes
cangrejo	crab	crab
ostra	oyster	óistœr
almeja	clam	clam
langosta	lobster	lóbstœr
nadar	to swim	tu suím
pescar	to fish	tu fish
pescador	fisher	fishœr
cazar	to hunt	tu jœnt
cazador	hunter	jœntœr
volar	to fly	tu flái
arrastrarse	to crawl	tu crol
jaula	cage	kéish
criar	to breed	tu brid
corral	farmyard	fármyard
bosque	woods, forest	uds, forest

MIEMBROS DE LOS ANIMALES

Español	Inglés	Pronunciación
casco	hoof	juf
cuartos traseros	hind quarters	jáind cuórtœrs
garras	claws	clos
colmillos	tusks	tœsks
hocico	snout	snáut
zarpas	paws	pos
crin, melena	mane	méin
mandíbulas	jaws	yos
trompa	trunk	trœnk
joroba	hump	jœmp
rabo, cola	tail	téil
cuerno	horn	jorn
cerdas	bristles	brísœls
plumas	feathers	fédærs
pico	beak	bik
alas	wings	uíngs
plumón	down	dáun
cresta	cock's comb	coks com
espolones	cock's spur	coks spœr
escamas	scales	skéils
aletas	fins	fins
espinas	bones	bóuns
huevas	spawns	spóns

GRITOS DE LOS ANIMALES

Español	Inglés	Pronunciación
el ladrido del perro	the barking of a dog	zdi bárking of ei dog
maullido del gato	mewing of a cat	miúing of ei cæt
relincho del caballo	neighing of a horse	néiin of ei jors
rebuzno del asno	braying of an ass	bréing of an as
balido de la oveja	bleating of a sheep	blíting of ei ship
rugido del león	roaring of a lion	roring of ei láion
gruñido del cerdo	grunting of a pig	grœnting of ei pig
el chillido de la zorra	the yelping of a fox	zdi yélping of ei fox
aullido del lobo	howling of an wolf	jáuling of an ulf
zumbido de la abeja	buzzing of a bee	bœsing of ei bi
cacareo de la gallina	cackle of a hen	cákœl of ei jen
canto del gallo	crow of a cock	cróu of ei cok
graznido del cuervo	croak of a raven	cróuk of ei réven
gorjeo de las aves	warbling of birds	uórbling of bœrds
trino de los pájaros	chirping of birds	chœrping of bœrds
arrullo de la paloma	cooing of a pigeon	cúing of ei píyon
silbido de la serpiente	hissing of a snake	jísing of ei snéik

FRASEOLOGÍA

El caballo, el perro y el gato son animales domésticos.
The horse, the dog and the cat are domestic animals.
zDi jors, zdi dog and zdi cæt ar doméstic ánimals.

El león, el oso y el tigre son animales salvajes.
The lion, the bear and the tiger are wild animals.
zDi láion, zdi béar and zdi táigœr ar uáild ánimals.

Los cuerpos de las aves están cubiertos de plumas.
The bodies of birds are covered with feathers.
zDi bódis of bœrds ar cóvered uíz fédœrs.

Hay pájaros muy bonitos.
There are very pretty birds.
zDéar ar véri príti bœrds.

Los peces tienen aletas con las cuales nadan.
Fishes have fins with which they swim.
Físhes jav fins uíz juích zdéi suím.

Su cuerpo está cubierto de escamas.
Their body is covered with scales.
zDéar bódi is cóvered uíz skéils.

La abeja y el gusano de seda son insectos útiles.
The bee and the silk-worm are useful insects.
zDi bi and zdi silk-uórm ar yúsful ínsects.

¿Oye usted el trino de los pájaros en los campos?
Do you hear the chirping of birds in the fields?
Du yu jíar zdi chœrping of bœrds in zdi filds?

Sí, los oigo. Cantan maravillosamente.
Yes, I hear them. They sing wonderfully.
Yes, ái jíar zdem. Déi sing uondœrfuli.

La serpiente se arrastra por el suelo.
The snake crawls on the ground.
zDi snéik crols on zdi gráund.

Las abejas vuelan zumbando de flor en flor.
The bees fly about buzzing from flower to flower.
zDi bis flái abáut bœsing from fláuœr tu fláuœr.

Yo tengo un canario en una jaula.
I have a canary in a cage.
Ai jav ei canéri in ei kéish.

¿Le gusta a usted la pesca?
Do you like fishing?
Du yu láik físhing?

No me gusta, pero me gustan los peces.
I don't like it, but I like fishes.
Ai dont láik it, bœt ái láik físhes.

La mosca y el mosquito son insectos molestos.
The fly and the moquito are troublesome insects.
zDi flái and zdi mosquito ar trœbœlsom ínsects.

Mire esa bella mariposa.
Look at that beautiful butterfly.
Luk at zdat biútiful bœterflai.

LECCIÓN XIII

El campo y la agricultura

VOCABULARIO

Español	Inglés	Pronunciación
el campo	the country	zdi cœntri
un campo	a field	ei fild
prado	meadow	médo
agricultura	agriculture	ágricœlchœr
granja	farm	farm
granjero, agricultor	farmer	fármœr
campesino	peasant	pésant
huerto	orchard	órchard
jardín	garden	gardœn
arado	plough	pláu
arar	to plough	tu pláu
plantar	to plant	tu plant
planta	plant	plant
cultivar	cultivate	cœltiveit
labrador	ploughman	pláuman
cavar	to dig	tu dig
semilla	seed	sid

Español	Inglés	Pronunciación
sembrar	to sow	tu sóu
injertar	to graft	tu graft
escardar	to weed	tu uíd
rastrillo	rake	réik
rastrillar	to rake	tu réik
cosecha	harvest, crop	járvest, crop
segar	to reap	tu rip
siega	reaping	ríping
segador	reaper	rípœr
trillar	to thresh	tu zresh
pala	shovel	shóvel
azada	spade	spéid
hoz	sickle	síkœl
guadaña	scythe	sáiz
carreta	cart	cart
carretilla	wheel barrow	báro
surco	furrow	foro
zanja	ditch	dich
raíz	root	rut
rama	branch	branch
hoja	leaf	lif
hojas	leaves	livs
tronco	trunk	trœnk
hierba	grass	gras
grano	grain	gréin
trigo	wheat	juít
maíz	corn	corn
avena	oats	óuts

Español	Inglés	Pronunciación
centeno	rye	rái
cebada	barley	bárli
heno	hay	jéi
paja	straw	stro
granero	barn	barn
establo	stable	stéibœl
ordeñar	to milk	tu milk
alimentar	to feed	tu fid
pastor	shepherd	shépœrd
montaña	mountain	máuntein
colina	hill	jil
valle	valley	válei
llanura	plain	pléin
manantial	spring	spring
río	river	rívœr
lago	lake	léik
pantano	swamp	suámp
lluvia	rain	réin
llover	to rain	tu réin
nube	cloud	cláud
granizo	hail	jéil
granizar	to hail	tu jéil
tierra	earth	erz
suelo	ground	gráund
nieve	snow	snóu
nevar	to snow	tu snóu
ganado	cattle	cátœl
cuidar	to take care of	tu téik kéar of
despertarse	to wake up	tu uéik œp

Español	Inglés	Pronunciación
valla, vallado	fence	féns
recoger	to gather	tu gádœr
espiga de trigo	ear of wheat	íar oí juít
mazorca	ear of corn	íar of corn

FRASEOLOGÍA

El agricultor se despierta cuando canta el gallo.
The farmer wakes up when the rooster crows.
zDi fármœr uéiks œp juén zdi rústœr cróus.

Alimenta a los caballos con avena y a las vacas con heno.
He feeds the horses with oats and the cows with hay.
Ji fids zd i jórses uíz oúts and zdi cáus uíz jéi.

El campesino ara su campo con un arado.
The peasant ploughs his field with a plough.
zDi pésant pláus jis fild uíz ei pláu.

Luego, siembra en los surcos.
Then, he sows in the furrows.
zDen, ji sóus in zd i fóros.

El campesino planta trigo, maíz, avena y cebada.
The peasant plants wheat, corn oats and barley.
zDi pésant plants juít, corn, óuts and bárli.

Si hay suficiente lluvia, el agricultor tendrá una buena cosecha.
If there is enough rain, the farmer will have a good crop.
If zdéar is inœf réin, zdi fármœr uíl jav ei gud crop.

En el verano comienza la recolección.
In summer the harvest begins.
In sœmœr zdi járvest biguíns.

Los segadores cortan el trigo con hoces y guadañas.
The reapers cut the wheat with sickles and scythes.
zDi rípœrs cut zdi juít uíz síkœls and sáizs.

La hija del agricultor ordeña la vaca.
The farmer's daughter milks the cow.
zDi fármœrs dótœr milks zdi cáu.

Los hijos del agricultor cuidan del ganado.
The farmer's sons take care of cattle.
zDi fármœrs sons téik kéar of cátœl.

En invierno llueve y nieva.
In winter it rains and it snows.
In uíntœr it réíns and it snóus.

Los días son cortos y las noches son largas.
The days are short and the nights are long.
zDi déis ar short and zdi náits ar long.

En la primavera el campo está muy hermoso.
In spring the country is very beautiful.
In spring zdi cóntri is véri biútiful.

Podemos ver las ramas de los árboles cubiertas de hojas.
We can see the branches of the trees covered with leaves.
Uí can si zdi branches of zdi tris cóvered uíz livs.

¿En qué mes comienza la recolección?
In which month does the harvest begin?
In juích monz dœs zdi járvest biguín?

La recolección comienza en junio.
The harvest begins in June.
zDi járvest biguíns in yiún.

ADICIÓN A LA LECCIÓN XIII

Sustancias animales y vegetales.
Plantas, flores, frutas

VOCABULARIO

Español	Inglés	Pronunciación
carne	meat	mit
manteca de cerdo	lard	lard
mantequilla	butter	bóter
crema	cream	crim
queso	cheese	chis
leche	milk	milk
huevos	eggs	egs
grasa	grease	gris
aceite	oil	óil
almidón	starch	starch
miel	honey	jóni
legumbre, hortalizas	vegetables	véyeteibœls
patatas, papas	potatoes	potéitos
coliflor	cauliflower	cóliflláuœr

Español	Inglés	Pronunciación
tomates	tomatoes	tomátos
col	cabbage	cábesh
cebolla	onion	ónion
remolacha	beet	bit
frijoles	beans	bins
guisantes, chícharos	peas	pis
arroz	rice	ráis
lechuga	lettuce	létis
aceitunas	olives	ólivs
zanahoria	carrot	cárot
espinacas	spinach	spínæch
espárragos	asparagus	aspáragœs
alcachofa	artichoke	ártichok
apio	celery	céleri
perejil	parsley	pársli
rábano	radish	rádish
nabos	turnips	tórnips
pepino	cucumber	kiúkœmbœr
lentejas	lentils	léntis
champiñones	mushrooms	móshrums
frutas	fruits	fruts
árbol frutal	fruit tree	frut tri
manzana	apple	ápœl
pera	pear	péœr
naranja	orange	óransh
ciruela	plum	plœm
limón	lemon	lémon
higo	fig	fig

Español	Inglés	Pronunciación
nuez	nut	nœt
cereza	cherry	chéri
fresa	strawberry	stróberi
melocotón	peach	pich
albaricoque, chabacano	apricot	épricot
castaña	chesnut	chésnœt
dátil	date	déit
avellana	hazelnut	jéiselnœt
almendra	almond	ámond
melón	melon	mélon
piña	pine-apple	páin-ápœl
plátano	banana	banána
uva	grape	gréip
vid	vine	váin
viñedo	vineyard	vínyard
vino	wine	uáin
vinagre	vinegar	vínegar
cerveza	beer	bíœr
flores	flowers	fláuœrs
clavel	carnation	carneishœn
rosa	rose	róus
capullo	bud	bœd
orquídea	orchid	órkid
violeta	violet	váiolet
pensamiento	pansy	pænsi
margarita	daisy	déisi
amapola	poppy	pópi
lirio	lily	líli

Español	Inglés	Pronunciación
azucena	white lily	juáit líli
jazmín	jasmine	yásmin
nomeolvides	forget-me-not	forguét-mi-not
azahar	orange-blosson	óransh-blóscen
tulipán	tulip	tiúlip
camelia	camelia	camília
florecer	to bloom	tu blum
tallo	stalk	stok
perfume	perfume	pérfium

FRASEOLOGÍA

Las patatas son oscuras por fuera y blancas por dentro.
The potatoes are brown outside and white inside.
zDi potéitos ar bráun autsáid and juáit insáid.

¿Le gusta a usted el queso?
Do you like cheese?
Du yu láik chis?

No me gusta, pero me gusta mucho la mantequilla.
I don't like it, hut I like butter very much.
Ai dont láik it, bœt ái láik bóter véri mœch.

¿Qué ve usted en la carnicería?
What do you see in the butcher's shop?
Juát du yu si in zdi búchœrs shop?

Veo una pierna de cordero y varios trozos de carne.
I see a lamb's leg and several pieces of meat.
Ai si ei lambs leg and séveral píses of mit.

167

El agricultor planta coliflores, espárragos y otras
   hortalizas.
The farmer plants cauliflowers, asparagus and other
   vegetables.
zDi fármœr plant cólifiauœrs, aspáragœs and ódœr
   véyeteíbœls.

Los rábanos son rojos y blancos y las alcachofas son
   verdes.
The radishes are red and white and artichokes are green.
zDi rádihes ar red and juáit and ártichoks ar grin.

Me gustan los espárragos con aceite, vinagre y sal.
I like asparagus with oil, vinegar and salt.
Ai láik aspáragœs uíz óil, vínegar and solt.

Mire los árboles frutales de ese huerto.
Look at the fruit-trees in that orchard.
Luk at zdi frut-tris in zdat órchard.

¿Qué frutas le gustán más?
Which fruits do you like best?
Juích fruts du yu láik best?

Me gustan las cerezas, las fresas, los melocotones y las
   uvas.
I like cherries, strawberries, peaches and grapes.
Ai láik chéris, stróberis, píches and gréips.

Las almendras, las castañas y las avellanas son frutas secas.
Almonds, chestnuts and hazelnuts are dried fruits.
Amonds, chésnœts and jéiselnots ar dráid fruts.

En primavera las flores abren sus capullos.
In spring the flowers open their buds.
In spring zdi fláuœrs óupen zdéir hœds.

El perfume de las rosas es muy agradable.
The perfume of roses is very pleasant.
zDi pérfium of róuses is véri pliasant.

Hay flores que no huelen, como el pensamiento y la
margarita.
There are flowers which do not smell, as the pansy and the
daisy.
zDéar ar fláuœrs juích du not smel, as zdi pænsi and zdi déisi.

La rosa huele mejor que el clavel.
The rose smells better than the carnation.
zDi róus smel bétœr zdan zdi carneishœn.

LECCIÓN XIV

Las comidas y el restaurante

VOCABULARIO

Español	Inglés	Pronunciación
las comidas	the meals	zdi mils
comedor	dining-room	dáining-rum
mantel	table-cloth	téiboel-cloz
servilleta	napkin	nápkin
tenedor	fork	fork
cuchara	spoon	spun
cuchillo	knife	náif
cucharita	teaspoon	tispun
vaso	glass	glas
botella	bottle	bótoel
taza	cup	coep
platillo	saucer	sósoer
plato	plate	pléit
plato hondo	soup-dish	sup-dish
bandeja	tray	tréi
sopera	tureen	tiurín
vinagreras	cruet-stand	crúæt-stand
ensaladera	salad bowl	sálad bóul

Español	Inglés	Pronunciación
cafetera	coffee pot	cófi pot
salero	salt cellar	solt sélar
pan	bread	bred
panecillo	roll	rol
azucarero	sugar bowl	shúgar bóul
mostaza	mustard	móstard
pimienta	pepper	pépœr
camarero	waiter	uéitœr
sirvienta	maid servant	méid, sérvant
ordenar	to order	tu órdœr
escoger	to choose	tu chus
cocinar	to cook	tu cuk
cocinero, cocinera	cook	cuk
la carta, el menú	the bill of fare	zdi bil of féar
bebidas	drinks	drinks
agua fría	ice water	áis uótœr
sopas	soups	sups
caldo	broth	broz
sopa de guisantes	pea-soup	pi-sup
sopa de arroz	rice-sour	ráis-sup
sopa de fideos	vermicelli-soup	vermiséli-sup
sopa juliana	julienne-soup	yulién-sup
consomé	consomme	consomé
entremeses	cold dishes	cóuld díshes
jamón	ham	jam
salchichas	sausages	sósechs
ostras	oysters	óitœrs
rábanos	radishes	rádishes

Español	Inglés	Pronunciación
mantequilla	butter	bótœr
sardinas	sardines	sárdins
pescados y mariscos	fishes and shell fishes	físhes and shel físhes
lenguado	sole	sóul
merluza	merluce	mérlius
caballa	mackerel	mákerel
langosta con salsa de mayonesa	lobster with mayonnaise sauce	lóbster uíz mayones sos
langostinos	shrimps	shrimps
camarones	crawfish	crófish
asados	roast meal	róust mit
rosbif	roast beef	róust bif
pierna de carnero	leg of mutton	leg of móton
pollo asado	roast chicken	róust chíken
bistec con patatas	beefsteak with potatoes	bífsteic uíz potéitos
filete de res con setas	fillet of beef with mushrooms	fílet of bif uíz móshrums
huevos fritos	fried eggs	fráid egs
tortilla de patatas	omelet with potatoes	ómelet uiz potéitos
tortilla de guisantes	omelet with green peas	ómelet uíz grin pis
tortilla de jamón	omelet with ham	ómelet uíz jam
huevos con salsa de tomate	eggs with tomato sauce	egs uíz tomáto sos
arroz con pollo	rice and chicken	rá is and chíken
chuletas de ternera	veal chops	vil chops
verduras	vegetables	véyeteíbœls

Español	Inglés	Pronunciación
judías verdes	green beans	grin bins
coliflor	cauliflower	cólifláuœr
frijoles	beans	bins
ensalada	salad	sálad
postre	dessert	désert
fruta	fruit	frut
queso	cheese	chis
helado	ice cream	áis crim
pay de manzana	apple pie	ápœl pái
dulce de piña	pine apple jelly	páin ápœl yéli
turrón	nougat	núgat
una taza de café	a cup of coffee	ei cœp of cófi
una copa de ron	a glass of rum	ei glas of rœm
palillos de dientes	tooth-picks	tuz-picks
cigarros	cigars	sígars
cigarrillos	cigarettes	sigaréts
la cuenta	the bill	zdi bil
la propina	the tip	zdi tip

FRASEOLOGÍA

Camarero, haga el favor de proporcionarme el menú.
Waiter, please bring me the bill of fare.
Uéitœr, plis bring mi zdi bil of féar.

¿Qué desea usted, señor?
What do you wish, sir?
Juát du yu uísh, sœr?

Primeramente, deseo sopa.
At first, I wish some soup.
At fœrst, ái uísh soem sup

Tráigame pan.
Please bring some bread.
Plis bring mi soem bred.

¿Qué clase de vino prefiere usted?
What kind of wine do you prefer?
Juát káind of uáin du yu prefér?

Prefiero vino tinto.
I prefer red wine.
Ai prefér red uáin.

¿Desea algo más?
Do you wish something else?
Du yu uísh sóemzing els?

Sí, deseo un bistec con patatas.
Yes, I wish a beefsteak with potatoes.
Yes, ái uísh ei bífsteic uíz potéitos.

¿Tiene usted ostras?
Have you any oysters?
Jave yu éni óistœrs?

Sí, señor, tenemos ostras muy buenas.
Yes, sir, we have very fine oysters.
Yes, seer, uí jav véri fáin óistrers.

Ahora quiero una tortilla de guisantes.
I wish now an omelet with green peas.
Ai uísh náu an ómelet uíz grin pis.

¿Ordenará usted verduras?
Will you take some vegetables?
Uíl yu téik soem véyeteibœls?

No, gracias; pero ordenaré ensalada.
No, thank you; but I shall take some salad.
Nóu, zank yu; bœt ái shal téik soem sálad.

Tráigame las vinagreras para aliñar la ensalada.
Bring me the cruet-stand to dress the salad.
Bring mi zdi crúæt-stand tu dres zdi sálad.

Este vinagre no sirve para nada.
This vinegar is good for nothing.
zDis vínegar is gud for nózin.

¿No quiere usted más?
Don't you take any more?
Dont yu téik éni móar?

No, gracias; tráigame el postre.
No, thank you; bring me the dessert.
Nóu, zank yu; bring mi zdi désert.

¿Quiere usted queso?
Do you wish some cheese?
Du yu wísh soem chis?

Tomaré fresas y un helado.
I shall take some strawberries and an ice cream.
Ai shal téik soem stróberis and an áis crim.

¿Quiere usted tomar café?
Do you wish to take coffee?
Du yu uísh tu téik cófi?

Tráigame una taza de café y una copita de ron.
Bring me a cup of coffee and a small glass of rum.
Bring mi ei cœp of cófi and ei smol glas of rœm.

Camarero, haga el favor de traerme la cuenta.
Waiter, please bring me the bill.
Wéitrer, plis bring mi zdi bil.

ADICIÓN A LA LECCIÓN XIV

Dignidades, profesiones y oficios

VOCABULARIO

Español	Inglés	Pronunciación
rey	king	king
reina	queen	kuín
emperador	emperor	émperor
soberano	sovereign	sóveren
príncipe	prince	prins
princesa	princess	prínses

Español	Inglés	Pronunciación
par	peer	píær
duque	duke	diúk
marqués	marquis	márkuis
conde	count	cáunt
barón	baron	báron
presidente	president	président
canciller	chancellor	chánselor
ministro	minister	mínistœr
ministro de Hacienda	minister of Finance	mínistœr of fináns
de Justicia	of Justice	of yóstis
de Guerra	of War	of uór
de Marina	of Marine	of marín
de Instrucción Pública	of Public Instruction	of póblic instrócshon
de Gobernación	of Interior and Police	of intíriœr and polís
de Comercio Exterior	of Foreign Affairs	of fóren aféars
embajador	ambassador	ambásador
embajada	embassy	émbasi
legación	legation	leguéshon
cónsul	consul	cónsœl
consulado	consulate	cónsiuleit
gobernador	governor	góvernor
diputado	deputy	dépiuti
alcalde	mayor	méyor
juez	judge	yódsh
procurador	attorney	átorni

Español	Inglés	Pronunciación
abogado	lawyer	lóyœr
doctor en Derecho	doctor of Laws	dóctor of los
jurisconsulto	legal adviser	ligal advaiser
profesor	professor	profésœr
médico	physician	fisíshan
cirujano	surgeon	soryon
dentista	dentist	déntist
ingeniero	engineer	enyíniœr
astrónomo	astronomer	astrónomœr
químico	chemist	kémist
farmacéutico	pharmacist	fármasist
actor	actor	áctor
actriz	actress	áctress
cantante	singer	sínguœr
artista	artist	ártist
escritor, autor	writer, author	ráitœr, ózœr
poeta	poet	póet
músico	musician	miusíshœn
pintor	painter	péintœr
maestro	teacher	tíchœr
sastre	tailor	téilor
costurera	dressmaker	dresméikœr
peluquero	hairdresser	jéardresœr
barbero	barber	bárbœr
joyero	jeweller	yuélœr
relojero	clockmaker	clokméikœr
librero	bookseller	buksélœr
zapatero	shoemaker	shuméikœr

Español	Inglés	Pronunciación
zapatero remendón	cobbler	cóblœr
carpintero	carpenter	cárpentœr
herrero	blacksmith	blácsmiz
encuadernador	bookbinder	búkbaindœr
albañil	mason	méson
lavandera	washer-woman	uásher-úmaen
cerrajero	locksmith	lócsmiz
tapicero	upholsterer	œpjólterœr
lechero	milkman	mílkman
camisero	shirtmaker	shértméikœr
barrendero	sweeper	suípœr

FRASEOLOGÍA

El carpintero hace mesas, sillas y bancos.
The carpenter makes tables, chairs and benches.
zDi cárpentœr méiks téibœls, chéars and benches.

Esta puerta no cierra bien; tenemos que llamar al cerrajero.
This door does not close right; we have to call for the locksmith.
zDis dóar dœs not clos ráit; uí jav tu cal zdi lóesmiz.

El encuadernador encuaderna nuestros libros.
The bookbinder binds our book.
zDi búkbaindcer báinds áuar buks.

Me gustaría mi sastre si no fuera tan lento.
I would like my tailor if he were not so slow.
Ai ud láik mái teilor if ji uéar not sou slóu.

El maestro y los alumnos están en la clase.
The teacher and the pupils are in the classroom.
zDi tichœr and zdi piúpils ar in zdi clásrum.

¿Cuándo llegó el nuevo embajador?
When the new ambassador did he arrive?
Juén zdi niu ambásador did ji arráiv?

Llegó ayer con el ministro de Comercio Exterior.
He arrived yesterday with the minister of Foreign Affairs.
Ji arráived yésterdei uíz zdi mínistœr of fóren aféars.

Esa actriz es una gran artista.
That actress is a great artist.
zDat áctres is ei gréit ártist.

El farmacéutico prepara recetas.
The pharmacist prepares prescriptions.
zDi fármasist prepéærs prescrípshœns.

¿Necesita usted los servicios de un abogado?
Do you need the services of a lawyer?
Du yu nid zdi sérvis of ei lóyœr?

No, es un procurador quien se encarga de mis asuntos.
No, it is a attorney who is charged of my affairs.
Nóu it is ei atórni ju is charyed of mái aféars.

Voy al consulado para ver al cónsul.
I am going to the consulate in order to see the consul.
Ai am góing tu zdi cónsiuleit in order tu zdi cónsœl.

El rey y la reina acaban de llegar a la ciudad.
The king and the queen have just arrived at the town.
zDi king and zdi kuín jav yœst arráived at zdi táun.

El gobernador y el alcalde se conocieron en la estación.
The governor and the mayor met them at the station.
zDi góvernor and zdi méyor met zdem at zdi stéishon.

¿Ha leído usted los libros de este autor?
Do you have read this author's books?
Du yu jav red zdis ozœrs buks?

No, no me gusta ese poeta.
No, I don't like that poet.
Nóu, ái dont láik zdat póet.

Este cantante tiene una voz muy hermosa.
This singer has a very beautiful voice.
zDis sínguer jas ei véri biútiful vóis.

Estos cuadros están pintados por un gran pintor.
These pictures are painted by a great painter.
zDis píkchœrs ar péinted bái ei gréit péintœr.

El joyero vende sortijas, pendientes y collares.
The jeweller sells rings, ear-rings and necklaces.
zDi yuélœr sels rings, íar-rings and nekléises.

LECCIÓN XV

Países y nacionalidades

VOCABULARIO

Español	Inglés	Pronunciación
América	America	américa
Europa	Europe	iúrop
Africa	Africa	áfrica
Asia	Asia	éisha
Oceanía	Oceanica	oshiánica
europeo	European	iuropían
americano	American	américan
norteamericano	North American	norz américan
sudamericano	South American	sáuz américan
México	Mexico	méksicou
mexicano	Mexican	méksican
Estados Unidos	United States	iunáited stéits
estadounidense	American	américan
Canada	Canada	cánada
canadiense	Canadian	canádian
Brasil	Brazil	brasil
brasileño	Brazilian	brasílian
Chile	Chile	chíli

Español	Inglés	Pronunciación
chileno	Chilian	chílian
República Argentina	Argentine Republic	áryentain ripóblic
argentino	Argentine	áryentain
Perú	Peru	pirú
peruano	Peruvian	perúvian
Cuba	Cuba	kiúba
cubano	Cuban	kiúban
Colombia	Columbia	colombia
Ecuador	Ecuador	écuador
ecuatoriano	Ecuadorian	ecuádorian
Panamá	Panama	pánama
panameño	Panamarian	panamárian
Venezuela	Venezuela	venesuéla
venezolano	Venezuelan	venesuélan
Niraragua	Nicaragua	nicaragua
nicaragüense	Nicaraguan	nicaráguan
Honduras	Honduras	jondúras
hondureño	Honduranian	jonduránian
Costa Rica	Costa Rica	cósta rica
costarricense	Costa Rican	cósta rican
Guatemala	Guatemala	guatemala
guatemalteco	Guatemalan	guatemálan
Salvador	Salvador	sálvardor
salvadoreño	Salvadoranian	salvadoránian
Puerto Rico	Porto Rico	porto rico
portorriqueño	Porto Rican	porto rican
jamaica	Jamaica	yaméica
jamaicano	Jamaican	yaméican

Español	Inglés	Pronunciación
Antillas	West Indies	uést índis
antillano	West Indian	uést índian
Santo Domingo	Saint Domingo	séint domingo
dominicano	San Domingan	san domingan
Haití	Hayti	jéiti
haitiano	Haytian	jéitian
Inglaterra	England	íngland
inglés	Englishman	ínglishman
Francia	France	frans
francés	Frenchman	frénchman
España	Spain	spéin
español	Spaniard	spániard
Alemania	Germany	yérmani
alemán	German	yérman
Rusia	Russia	róshia
ruso	Russian	róshian
Italia	Italy	ítali
italiano	Italian	itálian
Bélgica	Belgium	bélyium
belga	Belgian	bélyian
Holanda	Holland	jóland
holandés	Dutchman	dóchman
Noruega	Norway	nuórei
noruego	Norwegian	noruíyan
Suecia	Swede	suíd
sueco	Sweden	suíden
Suiza	Switzerland	suítscerland
suizo	Swiss	suís

Español	Inglés	Pronunciación
Portugal	Portugal	pórchugal
portugués	Portuguese	pórchuguis
Grecia	Greece	gris
griego	Greek	grik
Turquía	Turkey	tórki
turco	Turk	toerk
China	China	cháina
chino	Chinaman	cháinaman
Japón	Japan	yapán
japonés	Japanese	yapanís
Irlanda	Ireland	áirland
irlandés	Irishman	áirishman
Escocia	Scotland	scótland
escocés	Scotchman	scóohman
Estado	State	stéit
Imperio	Empire	empáiar
Reino	Kingdom	kíngdoem
República	Republic	ripóblic
Condado	County	cáunti
Territorio	Territory	térritori
Nación	Nation	néshon
País	Country	cóntri
Patria	Home, Fatherland	jóum, fádoerland

Observaciones:

1. Los nombres de nacionalidades que terminan en
   man, palabra que significa *hombre*, hacen el plural
   cambiando dicha terminación por *men* (hombres), y el

femenino, sustituyendo *man* por *woman* (mujer) en el singular y *women* (mujeres) en el plural. Ej. *Englishman* (inglés), *Englishmen* (ingleses), *Englishwoman* (inglesa), *Englishwomen* (inglesas). Esta regla no se aplica a *German* (alemán) porque en este caso la terminación *man* no tiene el sentido que en los otros.

2. Los nombres de nacionalidades que terminan en *man* anteriormente mencionados y algunos otros, como *Spaniard* (español), sólo se emplean como sustantivos, pero no como adjetivos. Así se dice a *Frenchman* (un francés), a *Spaniard* (un español); a *Frenchbook* (un libro francés), a *Spanish book* (un libro español).

3. Cuando se usan en sentido concreto, los nombres de nacionalidades van precedidos del artículo indeterminado *a, an* (un). Ej. *My friend is a Frenchman* (mi amigo es francés). Cuando se emplean en sentido genérico, no llevan ningún artículo. Ej. *Germans speak German* (los alemanes; hablan alemán).

FRASEOLOGÍA

¿Sabe usted el nombre de los países donde se habla el inglés?

Do you know the name of the countries where the english language is spoken?

Du yu nóu zdi néim of zdi cóntris juéar zdi ínglish lángüish is spóuken?

El inglés se habla en los Estados Unidos y Canadá, en Inglaterra y en muchas colonias inglesas.

The english language it is spoken in the United States and Canada, in England and in many English colonies.

zDi ínglish lángüish it is spóuken in zdi iunáited stéits and cánada, in inglan and in méni ínglish cólonis.

Queremos hablar con norteamericanos para aprender el
  idioma.
We wish to speak with Americans in order to learn the
  language.
Uí uísh tu spik uíz américans in order tu lœrn zdi lángüish.

¿Le gustaría vivir en España?
Would you like to live in Spain?
Ud yu láik tu liv in spéin?

Sí, me gustaría mucho, pero no sé hablar español.
Yes, I should like it very much, but I don't know how to
  speak spanish.
Yes, ái shud láik it véri mœch, bœt ái dont nóu jáu tu spik
  spánish.

México es un gran país.
Mexico is a great country.
Méksicou is ei gréit cóntri.

Los mexicanos son muy corteses.
Mexicans are very polite people.
Méksicans ar véri poláit pípœl.

Los norteamericanos van a México para aprender el
  español.
Americans go to Mexico in order to learn Spanish.
Américans góu tu méksicou in oider tu lœrn spánish.

¿Ha estado usted alguna vez en Europa?
Have you ever been in Europe?
Jav yu évœr hin in iúrop?

Sí, conozco Inglaterra, Francia e Italia.
Yes, I know England, France and Italy.
Yes, ái nóu íngland, frans and ítali.

Grecia es un país muy pintoresco.
Greece is a very picturesque country.
Gris is ei véri pickchurésk cóntri.

¿Conoce usted la literatura alemana?
Do you know German literature?
Du yu nóu yérman lítœrachur?

Sí, he leído algunos libros de autores alemanes.
Yes, I have read sorne books by German authors.
Yes, ái jav red som buks bái yérman ózors.

En América hay veintiún repúblicas.
There are twenty one republics in America.
zDéar ar tuénti uán ripóblics in américa.

ADICIÓN A LA LECCIÓN XV

El ejército y la guerra

VOCABULARIO

Español	Inglés	Pronunciación
ejército	army	ármi
estado mayor	staff	staf
cuartel general	headquarters	jédcuórtœrs

Español	Inglés	Pronunciación
cuerpo de ejercito	land force	land fors
división	division	divíshon
brigada	brigade	briguéid
regimiento	regimeut	réyimeut
batallón	battalion	batállœn
compañía	company	cómpani
escuadrón	squadron	scuódron
patrulla	squad	scuód
infantería	infantry	ínfantri
caballería	cavalry	cávalri
artillería	artillery	artílœri
cuerpo de ingenieros	engineers	enyinícers
mariscal	marshal	márshal
mariscal de campo	field-marshal	fil-márshal
comandante en jefe	commander-inchief	comándœr-inchif
general	general	yéneral
general de división	general of division	yéneral of divíshon
general de brigada	brigadier-general	brígadier-yéneral
teniente general	lieutenant-general	liuténant-yéneral
coronel	colonel	kórnel
comandante	major	méyœr
capitán	captain	cáptein
teniente	lieutenant	liuténant
oficial	officer	ófiser
alférez	ensign	énsain
sargento	sergeant	sáryent
cabo	corporal	córporal

Español	Inglés	Pronunciación
soldado	soldier	sólyœr
soldado raso	private	práivet
recluta	recruit	recrút
granadero	grenadier	grenadiér
húsar	hussar	jœsár
lancero	lancer	lánsœr
gastador	pioneer	páionir
zapador	sapper	sápœr
tambor	drummer	drómœr
trompeta	trompeter	trómpetœr
artillero	gunner	gónœr
tropas	troop	trup
garita	watchbox	uóchbox
bandera	flag	flag
estandarte	standard	stándard
uniforme	uniform	iúniform
gorro, gorra	cap	cap
casco	helmet	jélmet
mochila	knapsack	nápsak
cinturón	belt	belt
cartuchera	cartridge-box	cártrish-box
polainas	gaiters, legging	guéitœrs, léguing
armas	arms	arms
arma de fuego	fire arm	fáiar arm
fusil	gun, rifle	gœn, ráifœl
bayoneta	bayonet	béionet
fusil automático	tommy-gun	tómi-gœn
pistola	pistol	pístol

Español	Inglés	Pronunciación
revólver	revolver	revólver
sable	sable	seisbel
espada	sword	sord
lanza	lance	lans
bala	bullet	búlet
cartucho	cartridge	cártrish
bomba	bomb	bomb
granada	grenade	grenéid
obús	shell	shel
cañón	cannon, gun	cánon, gœn
ametralladora	machine-gun	mashín-gœn
mortero	mortar	mórtar
fortaleza	fortress	fórtres
guarnición	garrison	gárrison
murallas	ramparts	rámparts
troneras	loopholes	lúpjouls
trincheras	trenches	trenches
batalla	battle	bátœl
combate	combat	cómbat
victoria	victory	víctori
retirada	retreat	retrít
derrota	defeat, rout	difít, ráut
marina de guerra	navy	névi
escuadra	fleet	flit
barco de guerra	battle-ship	bátœl-ship
tripulación	crew	críu
aeroplano	aeroplane	áeropléin
avión de combate	fighter-plane	fáitœr-pléin

Español	Inglés	Pronunciación
aviador	pilot, flier	páilot, fláiœr
vuelo	flight	fláit
aeródromo	airfield	éarfild
aviación	aircraft	earcraft
cañón antiaéreo	antiaircraft gun	antiéarcraf gœn
objetivo	target	tárguet
batería	battery	báteri
botín	booty	búti
campamento	camp	camp
capitulación	capitulation	capituléshon
guerra	war	uór
guerra mundial	world war	uórld uór
paz	peace	pis
fuego	fire	fáiar
bajas, pérdidas	losses	lóses
matar	to kill	tu kil
muertos	killed	kíled
tanque	tank	tank

FRASEOLOGÍA

Las tropas norteamericanas estaban luchando en Europa.
American troops were fighting in Europe.
Américan trups uéar fáiting in iúrop.

La batalla comenzó con fuego de artillería.
The battle began with artillery fire.
zDi bátœl bigán uíz artilœri fáiar.

El enemigo sufrió grandes pérdidas.
The enemy suffered heavy losses.
zDi énemi sófered jévi lóses.

Quince aviones bombardearon la ciudad y el aeródromo.
Fifteen planes bombed the town and the airfield.
Fíftin pléins bómbed zdi táun and zdi éarfil.

Las bombas cayeron en el objetivo.
The bombs fell in the target.
zDi bombs fel in zdi tárguet.

Los ejércitos modernos luchan con tanques.
Modern armies fight with tanks.
Módœrn ármis fáit uíz tanks.

¿Dónde está el comandante en jefe?
Where is the commandœr-inchif?
Juéar is zdi comándœr-inchif?

Está en el cuartel general con sus oficiales.
He is at headquarters with his officers.
Ji is at jédcuórtœrs uíz jis ófisers.

Los cañones abrieron el fuego contra las trincheras
    enemigas.
The guns opened fire against enemy trenches.
zDi gœns óupened fáiar eguéns énemi trénches.

Aquella fortaleza estaba bien defendida por cañones y
    ametralladoras.
That fortress was well defended by guns and machineguns.
zDat fórtres uós uél dífended bái grens and mashín-gœns.

Millares de obuses cayeron sobre la guarnición.
Thousands of shells fell on the garrison.
zDáusands of shels fel on zdi gárrison.

El enemigo se rindió después de una batalla feroz.
The enemy surrendered after a fierce battle.
zDi énemi sœrrendered áftœr ei fiérs bátœl.

Este barco de guerra ha ganado una gran victoria.
This battle-ship have won a great victory.
zDis bátœl-ship jav uón ei gréit víctori.

La tripulación está muy orgullosa de ello.
The crew is very proud of it.
zDi criú is véri práud of it.

La división tuvo muchas bajas.
The division had many losses.
zDi divíshon jad méni lóses.

Los soldados han defendido la bandera de su país.
The soldiers have defended his country's flag.
zDi sólyœrs jav difénded jis cóntris flag.

LECCIÓN XVI

Religión

VOCABULARIO

Español	Inglés	Pronunciación
religión	religion	relíyon
iglesia	church	chœrch
escaños	pews	piús
misa	mass	mas
altar	altar	óltar
púlpito	pulpit	pólpit
coro	choir	cuáiar
cáliz	chalice	cális
patena	paten	páten
custodia	custody	cóstodi
capilla	chapel	chápel
parroquia	parish	párish
templo	temple	témpœl
torres	towers	táuers
sacristía	sacristy	sácristi
biblia	bible	báibœl
oraciones	prayers	préiærs
devocionario	prayers-book	préiærs-buk

Español	Inglés	Pronunciación
santo	saint	sent
Dios	God	god
Virgen María	Virgin Mary	véryen méri
Jesucristo	Jesus Christ	yísœs cráist
Papa	Pope	póup
cardenal	cardinal	cárdinal
arzobispo	archbishop	archbíshop
obispo	bishop	bíshop
párroco	parson	párson
sacerdote	priest	prist
predicador	preacher	príchœr
pastor	pastor	pástor
fraile	friar	fráiar
vicario	vicar	vícar
canónigo	canon	cánon
capellán	chaplain	cháplein
monja	nun	nœn
monje	monk	monk
sochantre	subchanter	sœbchántœr
monaguillo	acolyte	ácolit
cristiano	christian	crístian
católico	catholic	cázolic
protestante	protestant	prótestant
metodista	methodist	mézodist
luterano	lutheran	liúzeran
judío	jew	yu
cuáquero	quaker	quéikœr
bautista	baptist	báptist

Español	Inglés	Pronunciación
deísta	deist	díist
pagano	heathen	jíden
mahometano	mahometan	mejómetan
ateo	atheist	ézeist
alma	soul	sóul
pecado	sin	sin
penitencia	penitence	pénitens
bautismo	baptism	báptism
confirmación	confirmation	confœrméishon
comunión	communion	comiúñon
extremaunción	extreme unction	extrim ónkshon
santo, sagrado	holy, sacred	jóli, séikrid
Espíritu Santo	Holy Ghost	jóli gost
cielo	heaven	jéven
creer	to believe	tu bilív
rezar	to pray	tu préi
matrimonio	marriage	mérrish
cuaresma	Lent	lent
día de ayuno	fast day	fast déi
Nochebuena	Christmas Eve	crísmas iv
Navidad	Christmas	crísmas
pascua	easter	ístœr
Domingo de Ramos	Palm Sunday	palm sóndei
Semana Santa	Holy Week	jóli uík
Viernes Santo	Good Friday	gud fráidei
Pascua de Pentecostés	Whitsuntide	juítsœnstáid
fe	faith	féiz

Español	Inglés	Pronunciación
esperanza	hope	jóup
caridad	charity	cháriti
pecados capitales	capital sins	cápital sins
soberbia	pride	práid
avaricia	avarice	ávaris
lujuria	lust	lœst
ira	anger, rage	ángœr, reidz
gula	gluttony	glótoni
envidia	envy	énvi
pereza	laziness	lésines
demonio	demon	dímon
carne	flesh	flesh
infierno	hell	jel
virtud	virtue	vérchu
bondad	goodness	gúdnes
vicio	vice	váis
felicidad	happiness	jápines
campana	bell	bel
campanario	belfry	bélfri

FRASEOLOGÍA

¿Va usted a la iglesia?
Do you go to church?
Du yu góu tu chœrch?

Sí, voy a la iglesia todos los domingos.
Yes, I go to church every Sunday.
Yes, ái góu to chœrch éveri sóndei.

¿Oye usted las campanas de nuestra parroquia?
Do you hear the bells of our parish?
Du yu jíar zdi bels of áur párish?

Es hora de ir a misa.
It is time to go to mass.
It is táim tu góu tu mas.

Nuestro párroco es un buen predicador.
Our parson is a good preacher.
Auar párson is ei gud príchrer .

El Papa es el jefe de la Iglesia Católica.
The Pope is the head of Catholic Church.
zDi poup is zdi jed of cazólic chœrch.

El sacerdote de la Iglesia Protestante se llama pastor.
The priest of the Protestant Church is called pastor.
zDi prist of zdi prótestant chœrch is cóled pástor .

La fe, la esperanza y la caridad son virtudes.
Faith, hope and charity are virtues.
Féiz jóup and chárity ar vérchus.

La avaricia, la lujuria y la ira son pecados capitales.
Avarice, lust and anger are capital sins.
Avaris, lœst and angœr ar cápital sins.

La bondad y el amor traen la felicidad.
Goodness and love bring happiness.
Gúdnes and lœv bring jápines.

¿Dónde está mi devocionario?
Where is my prayers-book?
Juéar is mái préiærs-buk?

201

Lo ha olvidado usted en la iglesia.
You have forgotten it at the church.
Yu jav forgóten it at zdi chœrch.

CREDO

(CRÍD)

I believe in God Father almighty, maker of
Ai bilív in God Fádœr Olmáiti, méikœr of
Creo en Dios Padre todopoderoso creador del

heavens and Earth; I belive in Jesus Christ, his only
jévens and erz; ái bilív in Yísœs cráist, jis ónli
cielo y la Tierra; creo en Jesucristo, su único

Ghost; borned on the Virgin Mary; suffered under
gost; bórnet on zdi Véryen Méri; sóferet ónder
santo; nació de la Virgen María; sufrió bajo

Pontius Pilate; was crucified, dead and buried.
Pónsius Páilet; uós crúsifaid, ded and bórid.
Poncio Pilatos fue crucificado, muerto y sepultado.

He descended into Hell and the third day he
Ji disénded íntu jel and zdi zrd déi ji
Descendió al infierno y el tercer día

ascended into heaven and siteth by the right
ásendet íntu jéven and sítez bái zdi ráit
subió al cielo y está sentado a la diestra

hand of God Father almighty. I believe in the
jœnd of God Fádœr Olmáiti. Ai bilív in zdi
de Dios Padre todopoderoso. Creo en el

Holy Ghost, the Haly Catholic Church, the
jóli Gost, zdi jóli Cázolic Chœrch, zdi
Espíritu Santo, la Santa Iglesia Católica, la

Communion of Saints, The Forgiveness of sins,
Comiúñon of séints, zdi forguívenes of sins,
Comunión de los Santos, el perdón de los pecados,

the resurrection of the body and the life everlasting.
zdi rescœrrékshon of zdi bódi and zdi láif everlásting.
la resurrección del cuerpo y la vida perdurable.

Amen.
Amen.
Amén.

PADRENUESTRO

(Lord's Prayer)

(LORDS PRÉIER)

Our Father, who art in heaven, hallowed be
Aur Fádœr, ju art in jéven, jáloud bi
Padre Nuestro, que estás en los cielos, santificado sea

thy name, thy kingdom come, thy will be done on
zdái néim, zdái kíndœn com, zdái uíl bi dóun on
tu nombre, tu reino venga, tu voluntad sea hecha en
(hágase tu voluntad así en la Tierra como)

Earth as it is in heaven. Give us this day our
erz as it is in jéven. Giv œs zdis déi áuar
la Tierra como en el cielo. Danos este día nuestro
(El pan nuestro de cada día dánoslo hoy)

daily bread, and forgive us our debts as we
déili bred, and forguív œs áuar dets as uí
diario pan, y perdónanos nuestras deudas como nosotros

forgive our debtors, and do not let us fall
farguív áuar détors, and du not let œs fol
perdonamos a nuestros deudores, y no nos dejes caer

into temptation, but deliver us from evil. Amen.
intu temtéishon, bœt delivœr œs from ívil. Amen.
en la tentación, más líbranos del mal. Amén.

LECCIÓN XVII

Diálogos corrientes

PARA ALQUILAR UN APARTAMENTO

¿Tiene usted apartamentos por alquilar?
Have you any apartments to let?
Jav yu éni apártments tu let?

Sí, señor, tengo dos: uno amueblado y el otro sin amueblar.
   ¿Cuál de los dos desea usted ver?
Yes, sir, I have two: one furnished and the other
   unfurnished. Which of the two do you desire to see?
Yes, sœr, ái jav tu: uán fórnished and zdi ódœr rœnfórnished.
   Juích of zdi tu du yu disáiar tu si?

Me gustaría ver el amueblado. ¿Quiere mostrármelo?
I should like to see the furnished one. Will you to show it
   to me?
Ai shud láik tu si zdi fórnished uán. Uíl yu tu shou it tu mi?

Está en el primer piso. Suba, haga el favor.
It is at the first floor. Go up, please.
It is at zdi frerst flor. Góu rep, plis.

¿Cuánto cobra usted por este apartamento?
How much do you charge for this apartment?
Jáu mœch du yu charsh for zdis apártment?

Ochenta dólares mensuales, pago adelantado.
Eighty dollars a month, paid beforehand.
Eiti dólars ei monz, péid bifóarjænd.

Perfectamente. Volveré mañana por la mañana.
All right. I shall come back tomorrow morning.
Ol ráit. Ai shal com bæk tumóro mórning.

PARA CONTRATAR UNA SIRVIENTA

¿Sabe usted cocinar?
Do you know cooking?
Du yu nóu cúking?

Muy bien, señora. He estado cocinando diez años en
    diferentes lugares.
Very well, madam. I have been cooking ten years in
    different places.
Véri uél, mádam. Ai jav hin cúking ten yíars in diferent pléises.

¿Puede usted servir a la mesa?
Can you wait at table?
Can yu uéit at téibœl?

No, señora; es imposible cocinar y a la vez servir a la mesa.
No, madam; it is impossible to cook and at the same time
    to wait at table.
Nóu, mádam; it is impósibœl tu cuk and at zdi séim táim tu
    uéit at téibœl.

¿Cuánto quiere usted ganar?
What do you ask for wages?
Juát du yu ask for ueiches.

Veinticinco dólares al mes.
Twenti five dollars a month.
Tuénti fáiv dólars ei monz.

EN LA TIENDA DE COMESTIBLES

¿Qué desea usted, señora?
What do you want, madam?
Juát du yu uónt, mádam?

Quiero azúcar y café molido.
I want some sugar and ground coffee.
Ai uónt som shúgar and gráund cófi.

¿Qué cantidad quiere?
How much do you want?
Jáu mœch du yu uónt?

Quiero una libra de azúcar y media libra de café.
I want one pound of sugar and a half pound of coffee.
Ai uónt uán páund of shúgar and ei jaf páund of cófi.

¿Desea usted algo más?
Do you wish something else?
Du yu uísh sómzing éls?

No, gracias. ¿Cuánto le debo?
No, thank you. How much do I owe you?
Nóu, zank yu. Jáu mœch du ái óu yu?

Me debe un dólar con noventa centavos.
You owe me one dollar and ninety cents.
Yu óu mi uán dólar and náinti sents.

EN LA BARBERÍA

Deseo afeitarme. Tengo mucha prisa.
I want to be shaved. I am in a great hurry.
Ai uónt tu bi shéivet. Ai am in ei gréit jórri.

Siéntese, por favor. Le atenderé en seguida.
Take a seat, please. I will attend you at once.
Téik ei sit plis. Ai uíl aténd yu at uáns.

Aféiteme el bigote y córteme el pelo por detrás.
Shave off my moutache and cut my hair behind.
Shéiv of mái mœstách and cœt mái jéar bijáind.

¿Quiere que le lave la cabeza?
Must I wash your head?
Mœst ái uósh yúar jed?

No, gracias, no tengo tiempo que perder.
No, thank you, I have no time to lose.
Nóu, zank yu, ái jav nou táim tu lus.

EN LA ZAPATERÍA

Deseo un par de zapatos.
I wish a pair of shoes.
Ai uísh ei péar of shus.

¿Qué clase de zapatos desea usted?
What kind of shoes do you wish?
Juát káind of shus du yu uísh?

208

Muéstreme lo mejor que tenga.
Show me the best you have.
Shou mi zdi best yu jav.

¿Cuál es su medida?
What is your size?
Juát is yúar sáis?

Mi número es treinta y ocho.
My lenght is thirtyeight.
Mái lengz is zœrtiéit.

Estos zapatos me quedan muy apretados.
These shoes are too tight.
zDíis shus ar tu táit.

Le buscaré otros más anchos.
I shall get for you some wider ones.
Ai shal guet for yu som uáidœr uáns.

Estos zapatos están muy bien.
These shoes are quite well.
zDíis shus ar quáit uél.

EN LA RELOJERÍA

Haga el favor de examinar este reloj. No anda.
Please examine this watch. It does not go at all.
Plis exámin zdis uóch. Tt does not góu at ol.

Usted le ha roto la cuerda.
You have broken the spring.
Yu jav bróuken zdi spring.

Quiero que lo arregle usted.
I want you to repair it.
Ai uónt yu tu ripéar it.

Necesita una limpieza.
It requires to be cleaned.
It rikuáiars tu bi clínet.

¿Cuánto va usted a cobrarme?
How much do you charge?
Jáu mœch du yu charsh?

Le costará cuatro dólares.
It will cost you four dollars.
It uíl cost you fór dólars.

EN LA LIBRERÍA

¿Tiene usted una buena edición de las obras de
    Shakespeare?
Have you a good edition of Shakespeare's works?
Jav yu ei gud edíshon of Shékspiœrs œrks?

Tengo varias. La mejor es en nueve volúmenes, bellamente
    impresos.
I have several. The finest is in nine volumes, beautifully
    printed.
Ai jav séveral. zDi fáinest is in náin vóliums, biútifuli prínted.

Esa edición debe ser muy cara.
That edition must be very expensive.
zDat edíshon mcest bi véri ikspensiv.

Tengo otra edición en dos lindos volúmenes mucho más
barata.
I have another edition in two pretty volumes a good deal
cheaper.
Ai jav anóder edíshon in tu príti vóliums ei gud dil chípœr.

¿Tiene usted obras de autores españoles?
Have you any works by spanish authors?
Jav yu éni uœrks bái spánish ózors?

Sí, señor, puede usted elegir aquí.
Yes, sir, you can choose here.
Yes, sœr, yu can chus jíar.

¿Dónde podría conseguir un buen libro para aprender el
inglés?
Where could I get a good book to learn english language?
Juéar cud ái guet ei gud buk tu lœrn ínglish lángüish?

En la casa Farrel, la mejor librería de la ciudad.
In Farrell's house, the best bookstore in the city.
In Farrels jáus, zdi best bukstóar in zdi síti.

LECCIÓN XVIII

Los negocios

VOCABULARIO

Español	Inglés	Pronunciación
negocios	business	bísnes
oficina, despacho	office	ófis
gerente, director	manager	mánayœr
empleado	clerk	clerk
estenógrafo (a)	stenographer	stenógrafœr
mesa de escritorio	desk	desk
teléfono	telephone	télefon
computadora	computer	koempiuter
archivos	files	fáils
carta	letter	létœr
cuaderno	note-book	nóut-buk
cesto de los papeles	waste-basket	uéist-básket
carpeta	pad	pæd
banco	bank	bank
banquero	banker	bánker
caja	cash	cash
cajero	cashier	cæshíœr

Español	Inglés	Pronunciación
tenedor de libros	book keeper	buk kípœr
libro diario	journal	yœrnal
libro mayor	ledger	lédyœr
libro de caja	cash-book	cash-buk
factura	invoice	ínvois
balance	balance	bálans
fondos	funds	fœnds
pago	payment	péiment
dinero	money	móni
comerciante	merchant	mérchant
corredor	broker	bróukœr
agente	agent	éyent
socio	partner	pártner
compra	purchase	pórcheis
comprar	to purchase, to buy	tu pórcheis, tu bái
vender	to sell	tu sel
pagar	to pay	tu péi
cobrar	to collect, to cash	tu cólet, tu cash
deudor	debtor	détor
acreedor	creditor	créditor
préstamo	loan	lon
tomar prestado	to borrow	tu bóro
alza	rise	ráis
baja	fall	fol
billete	bill, note	bil, nóut
cuenta	account	acáunt
girar	to draw	tu dro
giro, letra	draft, bill	draft, bil

Español	Inglés	Pronunciación
librador	drawer	drócer
librado	drawee	droí
portador	bearer	béarcer
tenedor	holder	jóuldcer
endoso	endorsement	endórsment
endosante	endorser	endórser
endosado	endorsee	endorsí
aceptar	to accept	tu aksépt
aceptación	acceptance	akséptans
protesto	protest	protést
protestar	to protest	tu protést
cheque	check	chek
valor	value	váliu
descuento	discont	discáunt
ganancias	earnings	érnings
pérdidas	losses	lóses
quiebra	bankruptcy	bánkrcepsi
Bolsa	Stock Exchange	stok exchénsh
acciones	stocks	stoks
accionista	stock-holder	stok-jóuldcer
bono	bond	bond
obligación	liability	laiebileti
vencimiento	due date	du dait
sociedad	partnership	pártncership
compañía	company	cómpani
sociedad anónima	public corporation	piublik corporashion
razón social	registered name	redzister naim

Español	Inglés	Pronunciación
firmar	to sign	tu sáin
firma	signature	sígnachur
emisión	issue	íshu
orden, pedido	order	órder
comisión	commission	comíshon
pagadero	payable	payéibœl
traspaso	transfer	tránsfer
fecha	date	déit
anticipo	advance	adváns

FRASEOLOGÍA

El director está en su oficina.
The manager is in his office.
zDi mánayœr is in jis ófis.

La estenógrafa escribe con un lápiz en un cuaderno.
The stenographer writes with a pencil on a note-book.
zDi stenógrafœr ráits uíz ei pénsil on ei nóut-buk.

El empleado saca un papel de los archivos.
The clerk takes out a paper from the files.
zDi clerk téiks aut ei péipœr from zdi fáils.

Compramos o vendemos una cosa para ganar dinero.
We buy or sell a thing to earn money.
Uí bái or sel ei zing tu érn móni.

Si no tenemos bastante dinero podemos formar una
    sociedad.
If we have not enough money we can form a partnership.
If uí jav not inóf móni uí can form ei pártnœrship.

Hay varias clases de compañías.
There are several kinds of companies.
zDéar ar séveral káinds of cómpanis.

Las sociedades anónimas están formadas por accionistas.
Public corporations are formed by stock-holders.
Piublic corporashions ar fórmed bái stok-jóuldœrs.

Los accionistas compran acciones y perciben un
    dividendo.
Stock-holders buy stocks and they get a dividend.
Stok-jóuldœrs bái stoks and zdéi guet ei dividend.

Las acciones se cotizan en la Bolsa.
Stocks are traded at the Stock Exchange.
Stoks ar tréided at zdi stok exchénsh.

Allí podemos encontrar muchos corredores.
We can find there many brokers.
Ui can fáind zdéar méni bróukœrs.

Cuando los hombres de negocios necesitan dinero lo
    piden prestado.
When businessmen need money they borrow it.
Juén bísnesmen nid móni zdéi bóro it.

Los bancos les conceden un préstamo bajo ciertas condiciones.
Banks accord them a loan under certain terms.
Banks ácord zdem ei lon ónder sérten terms.

Pueden aceptar giros y deben pagarlos a su vencimiento.
They can accept drafts and they must pay them at liability.
zDéi can ásept drafts and zdéi mœst péi zdem at laiebileti.

¿Tiene usted muchos deudores?
Have you many debtors?
Jav yu méni détors?

Yo no tengo deudores, porque no me gustan las deudas.
I have no debtors, because I don't like debts.
Ai jav nóu détors, bicós ái dont láik dets.

Yo tengo un amigo que se ha declarado en quiebra.
I have a friend who have made bankrupty.
Ai jav ei frend ju jav méid bánkrœpsi.

La persona que gira una letra se llama librador.
The person who draws a draft is called drawer.
zDi pérson ju dros ei draft is cóled drócer.

La persona contra la que se gira la letra se llama librado.
The person on whom the draft is drawn is called drawee.
zDi pérson on jum zdi draft is dron is cóled droí.

El tenedor es aquel que tiene la letra.
The holder is he who holds the draft.
zDi iáuldœr is ji ju jolds zdi draft.

El tenedor puede pasar la letra a una tercera persona.
The holder can pass the draft to a third person.
zDi jóuldœr can pas zdi draft tu ei zœrd pérson.

Entonces hace un endoso.
Then he makes an endorsement.
zDen ji méiks an endórsment.

El último tenedor hace efectiva la letra a su vencimiento.
The last holder cash the draft at liability.
zDi last jóuldœr cash zdi draft at laiebileti.

¿De dónde viene usted?
Where do you come from?
Juéar du yu com from?

Vengo del banco.
I come from the bank.
Ai com from zdi bank.

¿A qué fue usted allí?
What did you go for there?
Juát did yu góu for zdéar?

Fuí a cobrar un cheque.
I went to collect a check.
Ai uént to cólect ei chek.

El cajero estaba muy ocupado.
The cashier was very busy.
zDi cæshíœr uós véri bési.

¿Desea usted abrir una cuenta en el banco?
Do you wish to open an account in the bank?
Du yu uísh tu óupen an acánt in zdi bank?

Debe usted hablar al director.
You must speak to the manager.
Yu mœst spik tu zdi mánayœr.

¿Conoce usted a Mr. Brown?
Do you know Mr. Brown?
Du yu nóu místœr Bráun?

Por su puesto, es un agente de mi compañía.
Of course, he is an agent of my company.
Of cœrs, ji is an éyent of mái cómpani.

Me gustaría emplearlo en mi firma.
I should like to employ him at my firm.
Ai shud láik tu émploi jim at mái firm.

LECCIÓN XIX

Correspondencia comercial

VOCABULARIO

Español	Inglés	Pronunciación
carta	letter	létœr
sobre	envelop	ánveloup
sello de correos	stamp	stamp
franqueo	postage	pósteish
oficina de correos	post office	póst ófis
fecha	date	déit
posdata	postcriptum	postcríptœm
tarjeta postal	postal card	postal card
dirección	address	adrés
correo electrónico	e-mail	i-méil
contestar	to answer	tu ánsœr
enviar	to send	tu send
copiar	to copy	tu cópi
certificar una carta	to register a letter	tu réyistœr ei létœr
cerrar una carta	to seal a letter	tu sil ei létœr
carta certificada	registered letter	réyistœrd létœr
cartero	postman	póstman
acusar recibo	to acknowledge	tu aknóledsh

221

Español	Inglés	Pronunciación
archivo adjunto	attachment	eitaechment
incluir	to enclose	tu enclóus
aquí, incluso	herein	jíarin
aquí, adjunto	herewith	jíaruíz
según, conforme a	according to	acórding tu
por adelantado	in advance	in adváns
esperar	to await	tu auéit
confirmar	to confirm	tu conférm
considerar	to consider	tu consídœr
juzgar	to deem	tu dim
ayudar	to help	tu jelp
distribuir	to distribute	tu distríbiut
ofrecer	to offer	tu ófer
pasar	to pase	tu pas
probar, resultar	to prove	tu pruv
corresponder	to reciprocate	tu resíprokeit
referirse	to refer	tu refér
sentir, lamentar	to regret	tu regrét
declarar, hacer constar	to state	tu stéit
comprobar	to verify	tu vérifai
atender	to attend	tu átend
rogar, suplicar	to beg	tu beg
dedicarse	to engage	tu enguésh
establecer	to establish	tu estáblish
favorecer	to favor	tu féivor
informar	to inform	tu ínform
interesar	to interest	tu ínterest
omitir	to omit	tu omít

Español	Inglés	Pronunciación
suministrar	to provide	tu prováid
confiar, esperar	to trust	tu trœst
agradecer	to thank	tu zank
acreditar, abonar	to credit	tu crédit
suma, cantidad	amount	amáunt
grata, atenta	favor	féivor
corresponsal	correspondent	correspóndent
sucursal	branch	branch
sírvase	please	plis
contrato	contract	cóntract
copia	copy	cópi
experiencia	experience	expíriens
garantía	guarantee	garantí
importante	important	impórtant
ejemplo	example	eksamplœ
inversión	investment	invéstment
asunto, cuestión	matter	mátœr
entretanto	meanwhile	mínjuail
pedido	order	órdœr
servicio	service	sérvis
varios	several	séveral
éxito	success	sœksés
testigo	witness	uítnes
a cargo de	in charge of	in charsh of
contenido	contents	cóntents
hecho	fact	fact
presentación	introduction	introdókshon
lista	list	list

Español	Inglés	Pronunciación
renglón (de un negocio)	line	láin
en general	at large	at larsh
obligado	obliged	obláiyed
posible	possible	pósiboel
cantidad	quantity	cuóntiti
recibo	receipt	risít
objeto	purpose	pórpos
informe, referencia	reference	réferens
asunto	subject	sóbyect
molestia	trouble	tróboel
generalmente	usually	iúshuali
entrega	delivery	delíveri
vista	sight	sáit
a tres días vista	at three days sight	at zrí déis sáit
pasado	last, ultimo	las, óltimo

Observaciones: En inglés se escribe la fecha de las cartas poniendo primero la ciudad, después el mes y luego el día y el año. El día lleva las abreviaturas *st, nd, rd* o *th* de los números ordinales. Ej. *London, October 28th 1944.*
El nombre del destinatario va precedido de la abreviatura *Mr.* (*míster*), que corresponde a *señor*, si es una sola persona, o *Messrs* (contracción del francés *messieurs*), que corresponde a *señores*, si se trata de varios. *Mrs.* (*Sra.*) *Miss* (*Srita.*)

En la dirección del destinatario se escribe el número de la casa delante del nombre de la calle.

FRASES PARA COMENZAR LAS CARTAS

Muy señor mío (o nuestro)	Dear sir
Muy señores míos (o nuestros)	Dear sirs, gentlemen
Tengo el gusto de manifestarle	I take pleasure in informing you
Estoy en condiciones de decir a usted	I am in a position to informing you
Tengo el gusto de acusar recibo de	I beg to acknowledge receipt of
Acabo de recibir	I have just received
Hemos recibido su grata	We are in receipt of your favor
He recibido a su debido tiempo	I have duly received
Tenemos a la vista	We have before us
Sin ninguna de las suyas	Without any of yours
Adjunto le remito	I beg to hand you herewith
Tengo el gusto de enviarle adjunto	Enclosed I have the pleasure to send you
Confirmando nuestra carta	Confirming our letter
Sentimos tener que informarle	We regret to have to inform you

FRASES PARA TERMINAR LAS CARTAS

Sin otro particular	Without anything further
Agradeciendo por anticipado	Thanking you in advance
En espera de su contestación	Awaiting your reply

FRASES PARA TERMINAR LAS CARTAS

Aprovechamos esta ocasión	We take advantage of this opportunity
En espera de vernos favorecidos con sus gratos pedidos	Hoping to be favored with your valued orders
Soy, quedo	I am, reain
De usted Atto. y S.S.	Yours truly Yours very truly Very truly Faithfully yours

MODELOS DE CARTAS COMERCIALES

Mexico, December, 15th 2015

Messrs. Smith & Co.
180, Summer Street.
New York.

Gentlemen:

I beg to inform you that I have established an office in this city for the sale of every kind of goods on commission. My experience and my knowledge of busines will be, I hope, sufficient guarantee of success.

Trusting that you will favor me with your valued orders, which will be promptly attended to, I remain very truly yours,

ENRIQUE GARCÍA

TRADUCCIÓN DEL TEXTO DE LA CUARTA PRECEDENTE

Ciudad de México, 15 de diciembre de 2015

Muy señores míos: Tengo el gusto de informarles que he establecido en esta ciudad una oficina para la venta de toda clase de artículos en comisión. Espero que mi experiencia y mi conocimiento de los negocios serán suficiente garantía de éxito.

Confiando en que me honrarán ustedes con sus gratos pedidos, que serán cumplimentados rápidamente, quedo de ustedes muy atentamente,

ENRIQUE GARCÍA

New York, December 28th 2015.

Mr. Enrique García.
132, Madero Street.
Mexico City.

Dear Sir:

We have received your favor of the 15th instand, and we beg to inform you that we have taken note of your firm and that we shall send you our orders at the first opportunity.

Meanwhile, we beg to remain yours very truly,

SMITH & Co.

Traducción del texto
de la carta anterior

New York, diciembre 28, 2015

Hemos recibido su grata del 15 del corriente y tenemos el gusto de informarle que hemos tomado nota de su empresa y que le enviaremos a usted nuestros pedidos en la primera oportunidad.

Entre tanto, quedamos de usted Attos. ss. ss.

SMITH & Co.

TEXTOS DE CARTAS

I beg you will be so kind as to let me know by return of post the current prices of the articles of which I have adjoined a list.	Le ruego tenga la amabilidad de darme a conocer a vuelta de correo los precios corrientes de los artículos cuya lista adjunto.
If I find they admit a reasonable profit, you will shortly receive a very a considerable order.	Si veo que pueden proporcionarme un beneficio razonable, recibirá usted en breve un importante pedido.
I take pleasure in sending you herein a draft at two months sight on Mr. Henry White for $500, which you will please present for acceptance and credit to our account.	Tengo el gusto de enviarle adjunta una letra a dos meses vista contra el Sr. Henry White por $500, que le ruego presente a la aceptación y acredite en nuestra cuenta.
We beg to acknowledge receipt of your favor of March 16th, enclosing a draft at two months sight on Mr. Henry White, for $500. This draft has been duly accepted, and the amount credited to your account.	Tenemos el gusto de acusar recibo a su grata de 16 de marzo pasado, incluyendo una letra a dos meses vista contra el Sr. Henry White por $500. Esta letra ha sido debidamente aceptada, y la cantidad la hemos acreditado en su cuenta.

LECCIÓN XX

Correspondencia general

Para las cartas de carácter general se escribe la dirección en la forma siguiente:

Mr. John White	Sr. John White
Mrs. John White	Sra. de John White
Mr. and Mrs. John White	Sr. John White y señora
Miss Mary White	Srita. Mary White

La abreviatura *Mrs.* significa *Mistress* (señora), *Miss* (señorita); se emplean sólo delante del nombre. Cuando va sin el nombre se usa *lady* o *young lady*. Para señora, en el mismo caso, se emplea *Madam*.

FÓRMULAS PARA CABEZAS DE CARTAS

Sir	Señor
Dear Sir	Estimado señor
My dear Sir	Muy señor mío
Madam	Señora
Dear Madam My dear Madam	Estimada señora

| Dear friend | Querido amigo |
| My dear father | Mi querido padre |

FÓRMULAS DE DESPEDIDA

Truly yours Very truly yours Faithfully yours	De usted atento
Cordially yours	Cordialmente suyo
Sincerely yours	Sinceramente suyo
Affectionately yours	Afectuosamente suyo

MODELOS DE CARTAS

Dear friend: I have just arrived from New York and if you are at leisure you can give me a call. I shall give you some news that will please you. I shall be at home the whole day. So you may choose your time.	Querido amigo: acabo de llegar de Nueva York y si no está usted ocupado puede hacerme una visita. Le daré algunas noticias que le agradarán. Estaré en casa todo el día. Por tanto, puede usted elegir la hora.
Dear friend: I am delighted to hear that you are at last returned from New York. Were it only to congratulate you on your happy arrival after so long an absence, I should go to see you. You may, therefore, depend upon seeing me this evening at about six.	Querido amigo: me alegro mucho de saber que al fin ha regresado usted de Nueva York. Aunque sólo fuera por felicitarle por su feliz llegada después de tan larga ausencia, iría a verle. Por consiguiente, puede usted contar con que iré a verle esta tarde a eso de las seis.

My dear friend: I am very glad with the progress I have made in the study of english. I can tell you that I speak it and write it very well. I know all the words used in every day language as well as most of anglicisms that are so often used in conversation. I know the principal gramatical rules and I have only to improve myself in correspondence and literature which I hope to do in the next course. Give my kind regard to your family.	Mi querido amigo: estoy muy contento con los progresos que he hecho en el estudio del inglés. Puedo decirte que lo hablo y escribo muy bien. Conozco todas las palabras usadas en el lenguaje diario y los anglicismos que tan a menudo se emplean en la conversación. Conozco las principales reglas gramaticales y sólo me falta perfeccionarme en correspondencia y literatura, lo que espero hacer en el curso próximo. Da mis cariñosos recuerdos a tu familia.
Mr. and Mrs. Velasco present their compliments to Mr. and Mrs. Prado and beg the favor of having them at dinner next Thursday at six o'clock.	El Sr. y la Sra. Velasco presentan sus respetos al Sr. y la Sra. Prado y les ruegan que les acompañen a cenar el jueves próximo, a las seis.
Mr. and Mrs. Prado present their best compliments to Mr. and Mrs. Velasco, and feel highy pleased by accepting their kind invitation to dinner on next Thursday.	El Sr. y la Sra. Prado presentan sus respetos al Sr. y la Sra. Velasco y tienen gran placer en aceptar su amable invitación para ir a cenar el jueves próximo.
Mrs. Torres beg the favor of Miss Mary Peña and sister company to spend the evening on Sunday March 21st at seven o'clock.	La señora Torres ruega a la señorita María Peña y hermana se sirvan acompañarla el domingo 21 de marzo, a las siete de la tarde.
Miss Mary Peña her sister regret that their mother's serious disease force them to decline Mrs. Torres' polite invitation.	La señorita María Peña y su hermana lamentan que la grave indisposición de su madre les obligue a declinar la amable invitación de la señora Torres.

My dear friend:
I heard with deep sorrow of the loss you have experienced by the death of your daughter.
I beg you to accept, in these painful circunstances, the comfort that friendship can offer.
I remain sincerely yours.

Mi querido amigo:
He sabido con profundo sentimiento la pérdida que ha sufrido usted con la muerte de su hija.
Le ruego acepte en estas penosas circunstancias el consuelo que la amistad puede ofrecer.
Sinceramente suyo.

APÉNDICE

Contracciones y abreviaturas

En inglés es muy frecuente el uso de contracciones, que consiste en la supresión de letras en algunas formas verbales y su sustitución por un apóstrofo. Las contracciones más importantes son las siguientes:

I've	por *I have*
I'm	por *I am*
I'll	por *I shall*
I'd	por *I would*
He's	por *He is*
It's	por *It is*
He'll	por *He will*
You'll	por *You will*
That's	por *That is*
What's	por *What is*
Don't	por *Do not*
Didn't	por *Did not*
Doesn't	por *Does not*
Can't	por *Can not*
Couldn't	por *Could not*
Mayn't	por *May not*

We've	por *We have*
We'll	por *We shall*
You'll	por *You will*
They've	por *They have*
You've	por *You have*
You're	por *You are*
There's	por *There is*
Here's	por *Here is*
Won't	por *Will not*
Wouldn't	por *Would not*
Shan't	por *Shall not*
Shouldn't	por *Should not*
Mustn't	por *Must not*
'twas	por *It was*
'twere	por *It were*
'twill	por *It will*

PRINCIPALES ABREVIATURAS

A.D.	Anno Domini	Año del Señor
A.M.	ante meridian	antes del mediodía
P.M.	post meridian	después del mediodía
Apr.	April	abril
Asso.	association	asociación
Aug.	August	agosto
Ave.	avenue	avenida
BBC	blind carbon copy	con copia oculta
Bbl.	barrel, -barreis	barril, barriles

B.C.	before Christ	antes de Jesucristo
Bro.	brother	hermano
Chap.	chapter	capítulo
c/o	care of	al cuidado de
CC.	carbon copy	con copia para
Co.	company	compañía
Cts.	cents	centavos
Dec.	December	diciembre
Dept.	department	departamento
d.	pence	peniques
Dolls.	dollars	dólares
Doz.	dozen	docena
E.	east	este
e. g.	for example	por ejemplo
E.O.E.	errors and omissions excepted	salvo error u omisión
Fahr.	fahrenheit	fahrenheit
Feb.	February	febrero
Fri.	Friday	viernes
Gal.	gallon	galón
Gen.	general	general
Gov.	governor	gobernador
Gov't.	government	gobierno
H.M.	His o Her Majesty	Su Majestad
H.M.S.	His Majesty's ship	barco de Su Majestad
Hon.	honorable	honorable
i. e.	that is	es decir
In.	inch	pulgada
Ins.	insurance	seguro

Inst.	instant	mes corriente
Jan.	January	enero
J. C.	Jesus Christ	Jesucristo
Jr.	junior	hijo
Lb.	pound	libra
£ s. d.	pounds, shilings, pence	libras (moneda), chelines, peniques
M. C.	member of congress	miembro del congreso, diputado
M.D.	doctor of Medicine	doctor en Medicina
Mr.	mister	señor
Messrs.	messieurs	señores
Mrs.	mistress	señora
N.	north	norte
Nov.	November	noviembre
N. Y.	New York	Nueva York
Oct.	October	octubre
O. K.	all correct	está bien
P.	page	página
P. O.	post office	oficina de correos
P. S.	post scriptum	posdata
R. R.	railroad	ferrocarril
S.	south	sur
Sat.	Saturday	sábado
Sept.	September	septiembre
Soc.	society	sociedad
Sq.	square	plaza
Sr.	senior	señor
S. S.	steamship	barco de vapor

St.	street	calle
Sun.	Sunday	domingo
Thurs.	Thursday	jueves
U. S. A.	United States of America	Estados Unidos de América
Viz.	videlicet	a saber
Vol.	volumen	volumen
Vs.	versus	contra
W.	west	oeste
Wed.	Wednesday	miércoles
W. R.	wire reply	telegrafiar contestación
Xmas.	Christmas	Navidad
Yd.	yard	yarda
&	and	y